기도 인도자를 위한
모범 기도집

THE BOOK OF COMMON PRAYER

한국장로교출판사 편

THE BOOK OF COMMON PRAYER

기도는 예배 가운데 빼놓을 수 없는 중요한 요소 중 하나요, 하나님과의 대화의 통로입니다.

이 책은 많은 사랑을 받았던 「평신도와 피택 항존직을 위한 모범 기도집」의 후속으로 기획된 책으로, 각 교회 담임목사님들의 추천을 받아 신앙적으로 모범이 되는 분들의 기도문을 모아 펴낸 것입니다. 그러므로 이 책에 담긴 기도문들은 기도를 어려워하는 성도들에게 충실한 안내자 역할을 해 줄 것입니다.

예수님이 가르쳐 주신 기도 외에 기도를 어떻게 해야 한다는 규칙이 있는 것도 아니고, 이런 기도가 좋은 기도라는 기준이 있는 것도 아니지만, 때와 장소, 상황에 맞는 기도를 마음을 다해 드릴 때, 기도를 드리는 이와 자리에 함께한 모두가 은혜를 받게 될 줄 믿습니다. 그래서 이 책에는 기도 인도자를 위한 1. 주일예배 기도문, 2. 수요예배 기도문, 3. 교회력 기도문, 4. 특별예배 기도문, 5. 심방을 위한 기도문이 담겨 있습니다.

머리말

　본 서를 통해 각 예배 상황에 맞는 은혜로운 기도가 드려지기를 소망합니다. 아울러 하나님께 드려지는 수많은 기도들이 하나님의 마음뿐 아니라 기도드리는 성도들의 마음에도 기쁨이 되기를 소망합니다.
　「기도 인도자를 위한 모범 기도집」의 발간을 위해 좋은 기도문을 보내 주신 모든 분들께 감사를 드리며, 이 책이 한국교회 성도들의 기도생활에 큰 도움이 되기를 기대해 봅니다.

2017년 7월　일
한국장로교출판사 사장 채형욱

차례

1부 주일예배 기도문 / 08

2부 수요예배 기도문 / 48

3부 교회력 기도문 / 86

사순절 예배 기도문 / 88
종려주일 예배 기도문 / 91
고난주간 예배 기도문 / 93
성금요일 예배 기도문 / 96
부활주일 예배 기도문 / 99
성령강림주일 예배 기도문 / 102
추수감사주일 예배 기도문 / 105
대림절 예배 기도문 / 108
성탄절 예배 기도문 / 111

4부 특별예배 기도문 / 116

남선교회 헌신예배 기도문 / 118
여전도회 헌신예배 기도문 / 122
교사 헌신예배 기도문 / 125
중고등부 헌신예배 기도문 / 127
청년대학부 헌신예배 기도문 / 129
어린이주일 예배 기도문 / 132
어버이주일 예배 기도문 / 135
찬양대 헌신예배 기도문 / 138
부흥사경회예배 기도문 / 140
총동원전도주일예배 기도문 / 143
약혼예배 기도문 / 146
혼인예배 기도문 / 149
입관예배 기도문 / 151
발인예배 기도문 / 153
하관예배 기도문 / 155
화장예배 기도문 / 157
추도예배 기도문 / 160

5부 심방을 위한 기도문 / 164

    신혼부부를 위한 기도문 / 166
    임신을 소망하는 가정을 위한 기도문 / 169
    임신한 가정을 위한 기도문 / 172
    입학한 자녀가 있는 가정을 위한 기도문 / 174
    환자가 있는 가정을 위한 기도문 / 177
    새신자 가정을 위한 기도문 / 179
    취업한 자녀를 둔 가정을 위한 기도문 / 181
    칠순(회갑)을 맞은 성도의 가정을 위한 기도문 / 183
    수험생이 있는 가정을 위한 기도문 / 186
    군입대하는 자녀가 있는 가정을 위한 기도문 / 189
    사업장을 위한 기도문 / 192
    직장이 없는 가정을 위한 기도문 / 194
    시험(환난)을 당한 가정을 위한 기도문 / 196
    화목하지 못한 가정을 위한 기도문 / 199
    소년 소녀 가장을 위한 기도문 / 201
    임종 직전의 가족이 있는 가정을 위한 기도문 / 203
    다문화가정을 위한 기도문 / 206
    이사한 가정을 위한 기도문 / 208

〈쉬어 가는 코너〉
렘브란트의 "기도하는 다윗" / 46   예수님의 겟세마네 동산에서의 기도 / 84
성 계단 교회의 "무릎으로 오르며 기도하는 계단" / 114
성 프란체스코의 "평화의 기도" / 162   올바른 기독교 용어 / 210

주일예배 기도문

너희가 기도할 때에
무엇이든지 믿고 구하는 것은
다 받으리라 _ 마 21 : 22

1월 주일예배 기도문

정선옥 권사(강릉노암교회)

하나님, 지난 한 해도 은혜 가운데 지켜 주시고, 이렇게 새해를 맞이하게 하심을 감사드립니다. 우리가 작년 한 해를 무사히 보내고 오늘 이 자리까지 올 수 있었던 것은 모두 하나님의 은혜 덕분임을 알게 하시고, 우리에게 복을 주셔서 새로운 해를 향한 여정에서 하나님 나라를 더욱 공고히 세우는 역할을 감당할 수 있도록 저희와 동행해 주옵소서. 다가올 새해에도 하나님께서 보여 주시는 비전을 통해 소망을 가지고 살아갈 때, 하나님 나라와 그 의가 온전히 이 땅에 도래하게 하옵소서.

우리에게 친히 찾아와 주셔서 무한한 사랑을 알게 하신 하나

주일예배

님, 하나님의 그 크신 은혜에 감사하면서도 하나님을 찾기보다는 우리의 갈급함을 해결하기 위해서 이 자리에 나온 것은 아닌지 되돌아보게 됩니다. 부족한 저희를 긍휼히 여겨 주시옵소서. 언제나 자신의 욕망을 채우려는 기회만 엿보며, 아버지에게서 우리의 필요만 채우려고 하고 냉담하게 돌아섰던 과거의 아집을 새해 이 시간 돌아봅니다. 우리의 차갑고 딱딱한 마음을 하나님의 따스함으로 녹여 주시고, 그 은혜 앞에서 기꺼이 순복하는 기적을 저희에게 허락하여 주옵소서.

창세전부터 지금까지 우리를 지켜보시며, 친히 우리를 사망의 음침한 골짜기에서 생명의 물가로 인도해 주신 예수님, 사망의 과거 속에서 하루하루 절망 속에 허덕일 수밖에 없는 우리를 위해 십자가에서 죽으신 후 사흘 만에 부활의 첫 열매가 되사 우리를 향한 사랑을 확증하시고, 우리 또한 부활의 기쁨을 맛보며 살게 해 주셔서 감사합니다. 주님께서 아버지의 뜻을 먼저 구하셨듯이, 우리 또한 하나님 나라와 그 의를 먼저 구할 수 있도록 우리 마음을 주장하여 주시옵소서. 또한 살아가면서 매사를 주님이라면 어떻게 하셨을지 생각하고, 행할 수 있게 하옵소서.

우리의 모든 생각과 삶의 작은 단편들 속에서 동행하여 주시고, 친히 말씀을 들려주시며, 능히 우리의 존재를 변화시켜 주시는 성령님, 우리를 불쌍히 여겨 주시옵소서. 우리가 두려움에 사로잡혀 아무 희망 없이 방황할 때에도 우리를 끌어안아 주시고, 우리 손을 잡아끌어 진리의 길로 인도해 주옵소서.

　기회주의와 불의가 판치는 세상과 일상에서 작은 예수로, 그리스도의 제자로, 충성된 종으로 살기를 바라지만, 우리는 위태로운 촛불 같은 연약한 믿음을 가지고 있습니다. 저희의 연약함을 아시는 주님, 상한 갈대를 꺾지 아니하시며, 꺼져 가는 등불을 끄지 않는다고 하신 것처럼 저희와 오늘날 한국 사회와 한국교회를 불쌍히 여겨 주옵소서. 그리고 하나님의 섭리와 일하심으로 모든 어그러진 것들이 회복되는 역사를 허락해 주옵소서. 사망을 이기시고 승리하신 능력의 예수 그리스도의 이름으로 간절히 기도합니다. 아멘.

2월 주일예배 기도문

이한근 장로(장현교회)

　우리에게 생명을 주시고, 그 생명을 이어 나갈 수 있게 주님의 은혜를 허락하시며, 우리의 삶에 친히 함께하셔서 이끌어 주시는 하나님, 하나님의 그 은혜로 일주일의 삶을 잘 마치고 주님 앞에 다시 나아오게 하시니 감사드립니다. 이렇게 하나님 앞에 예배드린다는 것이 우리에게 주시는 하나님의 큰 은혜임을 고백하게 하여 주시옵소서.
　이 시간 하나님 앞에 우리의 마음을 열고 나아갑니다. 하나님께서 우리에게 모든 것을 주셨던 것처럼, 우리도 하나님 앞에 우리의 모든 것을 드릴 수 있는 시간이 되게 하옵소서. 하지만 우리 안에는 하나님께 나아가는 것과 하나님께 우리의 모든 것을 드리려는 것을 막는 욕심과 죄들이 가득함을 이 시간 하나님 앞에 고백합니다. 항상 내가 먼저라고 생각하고, 나의 생각대로만 살아왔습니다. 그로 인해 우리의 삶이 하나님께서 주시는 은혜로 채워지는 것이 아니라, 우리의 욕심과 탐욕으로 인해 죄로 채워져 있었음을 고백합니다. 그리고 그 죄들로 인해 세상에서 하나님께서 원하시는 대로 살고 있지 못함을 고백합니다.

하나님, 용서하여 주시옵소서. 이 시간 간절히 기도하오니 우리 안에 있는 모든 욕심과 죄를 주님 앞에 모두 꺼내어 놓는 우리가 되게 하여 주시옵소서. 그래서 우리의 속사람이 더는 그런 더러운 것들이 아니라 하나님께서 우리에게 주시는 아름다운 것들로 채워지게 하여 주시옵소서. 세상을 살아가면서 하나님을 의지하지 못함으로 항상 걱정이 많고, 어려움으로 가득했던 우리의 삶이 회복되게 하시며, 이제는 하나님을 의지하며 모든 것을 맡길 때에 하나님께서 주시는 평안을 우리 삶 가운데 맛보며 경험하는 복된 삶이 되게 하여 주시옵소서.

능력의 하나님, 오늘 말씀을 들고 단 위에 서신 목사님을 하나님의 능력으로 붙잡아 주시고, 그 입에서 흘러나오는 말씀이 성령의 말씀이 되게 하셔서 우리 모두가 그 말씀에 "아멘."으로 화답할 수 있게 하여 주시옵소서. 간절히 바라기는 그 말씀이 우리의 삶 가운데 힘이 되고 우리의 삶을 이끌어 가는 능력의 말씀이 되게 하시고, 언제나 그 말씀을 붙잡고 살아갈 수 있는 우리가 되게 하여 주시옵소서. 그 말씀으로 인하여 우리의 삶이 열매 맺는, 하나님께서 기뻐하시는 풍성한 삶이 되게 하여 주시옵소서.

하나님, 이 시간 드려지는 예배에 하나님의 임재를 간절히 소원합니다. 오늘도 우리 각 사람의 마음 가운데 임재하여 주셔서 하나님을 만날 수 있는 예배가 되게 하옵소서. 예수님의 이름으로 기도합니다. 아멘.

3월 주일예배 기도문

김의동 장로(강서교회)

　존귀와 영광을 받으시기에 합당하신 하나님 아버지, 지난 한 주간도 은혜 가운데 우리를 지키시고 주님 전에 나와 예배드리게 하시니 감사합니다. 이 시간 드리는 우리의 예배를 받아 주옵소서.
　사랑의 주님, 저희가 주님의 십자가 사랑과 구속의 은혜 안에 살아가면서도 아직도 구습을 따라 썩어져 가는 세상을 좇아 살려고 하는 욕심들을 버리지 못하고 있음을 고백합니다. 바람 앞에 놓인 등불처럼 흔들리기 쉬운 우리를 주님의 크신 능력으로 붙잡아 주셔서 세상을 이기는 큰 믿음을 가지고 살게 하여 주옵소서. 또한 사순절 기간에 제자들의 발을 씻겨 주신 주님의 모습을 본받아, 십자가의 사랑으로 이웃을 섬기는 삶을 살아갈 수 있도록 도와주옵소서.

한국교회가 세속에 물들어 하나님의 영광을 가리는 교회가 되지 않게 하시고, 모든 것을 나누어 줌으로써 영적으로 가난한 자들을 부요케 하며 빛을 발하는 교회가 되게 하여 주옵소서. 급변하는 세계 정세 속에서 분단된 이 나라의 뼈아픈 현실도 주님만이 치유하실 수 있음을 믿습니다. 하나님을 모르고 탕자와 같은 삶을 사는 믿지 않는 백성들에게도 자비와 용서를 베푸셔서, 죄 사함의 기쁨을 얻고 주님께로 돌아올 수 있도록 인도하여 주옵소서.

이 시간 목사님이 말씀을 전해 주실 때, 영혼을 불쌍히 여기시는 성령님의 세밀한 음성을 듣게 하시고, 주님의 그 크신 십자가 사랑 속에 깊이 빠져드는 은혜의 시간이 되게 하여 주옵소서. 찬양대의 찬양을 기쁘게 받아 주시고, 예배를 위해 헌신하는 모든 지체들에게 하나님이 예비하신 하늘의 신령한 복과 땅의 기름진 복을 풍성하게 내려 주옵소서. 우리를 위해 고난당하신 예수 그리스도의 이름으로 기도드립니다. 아멘.

4월 주일예배 기도문

강병극 장로(수원영은교회)

　사랑과 은혜가 충만하신 아버지 하나님, 부족한 저희에게 믿음을 주셔서 하나님의 전을 사모하고, 하나님 만나기를 사모하여 이 시간 아버지 앞에 예배드리게 하심을 감사드립니다.
　택함을 받은 저희가 하나님께서 주신 은혜를 생각할 때 하나님의 뜻에 순종하며 살아야 마땅하지만, 지난 한 주간의 삶도 하나님을 온전히 기쁘시게 해 드리지 못하였음을 고백합니다. 오히려 우리 자신을 위해 이기적인 욕심과 교만과 위선과 허영 속에서 살아왔음을 회개하오니 아버지 하나님, 저희의 죄를 용서하여 주시옵소서.

아버지 하나님, 사랑하는 성도들의 가정마다 하나님의 뜻이 이루어지게 하시고, 하나님이 주인 되시고 예수 그리스도가 그 중심에 앉아 계시는 귀한 가정이 되기를 원합니다. 또한 우리가 자녀들을 양육할 때 오직 주의 훈계와 말씀으로 양육하게 하시고, 부모님께는 공경하며 순종하는 귀한 가정이 되도록 주께서 인도하여 주시옵소서.

아버지 하나님, 이 나라의 위정자들을 위하여 기도합니다. 이 나라의 위정자들이 불신을 받는 정치인이 아니라 신뢰와 존경을 받는 지도자들이 되게 하시고, 지혜를 주셔서 하나님의 은혜 안에서 국정을 운영하게 하시사 경제·외교·안보 등 모든 분야에서 주의 선하신 뜻을 따라 형통하게 하옵소서.

자비로우신 아버지 하나님, 세계 곳곳에서 안타까운 소식이 전해지고 있습니다. 많은 사람들이 죽고 다치는 사고부터 크고 작은 사건들이 빈번히 일어나 사회가 경직되고, 많은 이들이 두려워하는 가운데 있습니다. 하나님, 이 땅을 불쌍히 여겨 주시고, 고통과 고난 가운데 있는 백성들과 함께하여 주시기를 원합니다. 또한 속히 회복되게 하시고, 힘들고 고통스러워하는 사람들 가운데 예수 그리스도의 이름이 참된 위로가 될 수 있도록 은혜를 내려 주시옵소서.

말씀 가운데 함께하시는 아버지 하나님, 오늘도 말씀을 선포하시는 목사님을 능력으로 붙잡아 주시고, 성령님의 감동이 우리와 함께하셔서 말씀 중에 은혜 받고, 삶의 현장에서 매 순간순간 살아갈 때마다 나의 생각과 나의 뜻대로 살아가는 것이 아니라 오직 하나님의 생각과 하나님의 뜻대로 살아갈 수 있도록 주께서 인도하여 주시옵소서.

우리의 삶 가운데 하나님의 은혜가 늘 넘치기를 소망합니다. 감사드리며 예수님의 이름으로 기도드립니다. 아멘.

# 5월 주일예배 기도문

김의식 목사(치유하는교회)

    사랑의 근원이 되시는 하나님 아버지, 죄악 가운데 있었던 저희에게 친히 찾아오셔서 만나 주시고, 저희를 자녀로 삼아 주신 그 큰 은혜에 감사드립니다. 진정한 사랑이 메말라 버린 삭막한 세상에서 살다가 지치고 상한 마음으로 주님께 나왔사오니, 이 시간 저희를 사랑으로 품어 주시옵소서.

    특별히 이 달을 가정의 달로 허락하셨사오니 하나님께서 주신 가족 한 사람, 한 사람이 얼마나 귀하고 소중한지 깨닫게 하시고, 하나님의 사랑으로 서로를 품으며, 늘 하나님의 은혜 가운데 거하는 믿음의 가정이 되게 하옵소서. 점점 거칠어지는 세상 가운데서도 믿음의 가정들이 주님의 품 안에서 회복되어 하나님께서 주시는 기쁨을 누리게 하시며, 사랑이 변질되는 이 땅에서 주님께서 주신 가족 간의 사랑을 지켜 내어 사랑의 사명을 온전히 감당하게 하옵소서.

주께서 창조하신 세계가 더욱 강렬한 생명의 빛깔을 만들어 가는 5월, 우리의 눈길이 닿는 곳마다 감탄을 자아내는 아름다움으로 온 만물을 새롭게 하시며, 이런 자연의 변화 속에서 우리를 향한 하나님의 크고 위대한 계획이 있음을 깨닫게 하시니 감사드립니다. 작은 나뭇가지 속에 온 나무를 뒤덮고도 남을 만큼 헤아릴 수 없는 잎들이 담겨 있듯이, 우리의 하루와 걸어가는 인생의 모든 길들 속에 하나님의 무수한 복들이 이미 준비되어 있음을 믿습니다. 그 믿음으로 예배를 통해 부어 주실 만복을 바라보며 나왔사오니, 한량없는 은혜를 베풀어 주시옵소서. 또한 주님의 영을 부어 주시사 우리 안에 주님이 허락하신 귀한 것들을 능히 꽃피워 주님께 영광 돌리는 삶을 살게 하옵소서. 헤아릴 수 없는 무수한 잎들로 채워지는 이 5월의 자연처럼, 저희들의 삶에 측량할 수 없는 사랑을 베풀어 주시옵소서.

오늘 한자리에 모여 예배드리는 믿음의 온 가족들이 더욱 영적으로 화목하게 하시고, 이 땅을 거룩하게 만들어 가는 위대한 역사에 각자의 은사를 따라 충성하게 하옵소서.

주일예배

이 민족을 복음으로 견고하게 하시고 하나님이 싫어하시는 거짓과 우상들로부터 승리하게 하옵소서. 개인의 안락한 삶을 포기하고 세계 오지에서 복음을 전하시는 선교사님들의 가정과 사역을 지켜 주시고, 샬롬의 능력으로 함께해 주시옵소서.

성삼위 하나님, 이 예배 가운데 주님의 손길을 갈망합니다. 마음의 쇠사슬을 끊어 주시고 참된 자유를 주시옵소서. 하나님의 얼굴을 뵐 수 있도록 마음의 눈을 열어 주소서. 진리의 말씀을 들을 수 있도록 마음의 귀를 열어 주시옵소서. 예수님의 이름으로 기도 드립니다. 아멘.

6월 주일예배 기도문

권오탁 장로(경북안동교회)

　사랑이 많으시고 은혜가 풍성하신 하나님 아버지, 세상에 속했던 저희들에게 구속의 은혜를 베풀어 주시고, 구별하사 하나님의 자녀로 삼아 주시어 오늘도 그리스도의 몸 된 교회에 나와 예배드리게 인도하시니 그 크신 사랑과 은혜에 찬양과 영광을 올려 드립니다. 이 시간 온 마음과 정성을 다하여 영과 진리로 예배드리게 하시며, 예배 가운데 하나님의 세밀한 음성을 듣고 은혜 받는 귀한 시간으로 이끌어 주옵소서.
　사랑의 하나님 아버지, 지난 한 주간을 돌이켜 보면 저희는 주님의 고귀한 십자가의 사랑을 망각하며 살았고, 주님을 주인으로 모신다고 생각하면서도 스스로 주인 행세를 했으며, 내 고집과 뜻대로 살아온 완악한 죄인의 모습이었습니다. 주님께서는 저희가 세상에서 복음의 증인으로 살아갈 것을 요구하셨지만, 저희는 이웃보다 우리 자신을 위해서 살아가며 이를 당연시하여 왔습니다. 저희의 모든 죄악이 십자가의 보혈로 용서받기를 원합니다. 우리가 참회의 마음으로 그 십자가 앞에 나아가오니 회개의 영을 부어 주시고 주 안에서 다시 새사람으로 거듭나게 하옵소서.

하나님 아버지, 아름다운 신록의 계절 6월을 주셔서 푸른 자연 속에서 마음껏 참 안식을 누리게 해 주신 은혜에 감사드립니다. 이제 저희들의 신앙도 항상 푸른 초목처럼 주님을 향하여 날로 성장하고 성숙할 수 있도록 역사하여 주옵소서. 저희가 섬기는 교회를 옳은 길로 부흥시키시고, 우리가 살고 있는 이 사회를 새롭게 변화시키는 책임을 감당하며 거룩한 영향력을 나타내게 하옵소서. 주님의 몸 된 교회가 세우신 목적대로 아름답게 그 사명을 다할 수 있도록 성령의 지혜와 능력을 더하여 주시기 원합니다. 성령 안에서 하나 되게 하시고, 각자 맡은 바 사명과 직분을 따라 협력함으로 그리스도의 몸 된 교회를 온전히 세워 가게 하옵소서. 우리 교회가 이웃에게 소망의 빛이 되게 하시고, 다음 세대에게 관심을 가지며, 세계 열방을 향해 힘 있게 선교하는 교회 되게 하옵소서.

이 나라와 이 민족을 사랑하시는 하나님 아버지, 6 · 25가 발발

한 지 60여 년의 긴 세월이 지났지만 아직도 정전 상태가 유지되고 있습니다. 북한은 지금도 적화통일의 야욕을 드러내고 있으며, 남북 간의 긴장 상태가 지속되고 있는 상황에서 전쟁의 위험이 높아져 가고 있습니다. 하나님만이 이 모든 상황을 바로잡으실 수 있음을 고백하오니, 하나님의 방법으로 하나 되게 하옵소서.

하나님, 우리가 살고 있는 이 땅이 여야로, 좌우로, 동서로, 노사로, 세대 간으로, 이념 간으로, 지역 간의 갈등으로 온통 갈기갈기 분열되어 있음을 불쌍히 여겨 주시옵소서. 하나님께서 이 나라와 이 민족을 살피시어 모든 부정과 부패, 지역 간의 갈등과 세대 간의 갈등, 골이 깊어져 가는 이념 간의 갈등 등 모든 악의 요소들을 뿌리 뽑아 주시며, 물질만능주의와 쾌락주의를 물리치게 하시고, 하나님 앞에 온전히 바로 서는 나라가 되게 하옵소서.

하나님 아버지, 이 시간 생명의 말씀을 증거하시는 목사님께 하늘 문을 여시어 은혜를 물 붓듯이 부어 주시고, 대언하는 말씀을 통해 모든 근심과 염려가 다 물러가고 평안과 기쁨이 넘치게 하옵소서. 또한 저희는 주신 말씀을 가지고 한 주간 세상에서 살아갈 때 승리하게 하옵소서. 예배를 위하여 정성을 다해 준비한 찬양대의 아름다운 찬양과 예배위원들의 수고를 통해 하나님 홀로 영광 받으시기 원하오며, 거룩하신 예수님의 이름으로 기도드립니다. 아멘.

7월 주일예배 기도문

김상림 집사(강릉노암교회)

　우리의 구원이시며 생명의 능력이 되신 하나님, 오늘도 저희의 부족함과 연약함을 용납하시고 주님의 의로 세우셔서 하나님께 경배와 찬양을 올리게 하시니 감사와 영광을 돌립니다.
　주님, 우리의 삶은 어느 것 하나 주님의 손길이 미치지 않은 것이 없었습니다. 세상의 고난과 실패와 좌절과 절망 가운데 있을 때, 주님께서 우리를 일으켜 세우셨습니다. 그럼에도 우리는 누리고 살아온 모든 것들을 감사의 눈으로 바라보지 못했습니다. 누군가는 하나님이 창조하신 아름다운 이 세상을 단 하루라도 볼 수 있다면 아무것도 바라지 않겠다는 간절한 기도를, 누군가는 육신의 병약함에서 일어설 수 있게만 해 달라는 간절한 소망을, 누군가는 육신의 곤고함 가운데 한 끼의 식사를 해결해 달라는 간절한 기도를 드릴 때, 우리 대부분은 평생을 아무렇지 않게 누리고 살면서도 감사하지 못했음을 고백합니다. 오히려 많은 것을 가졌음에도 더 누리기 위해, 더 많이 갖기 위해, 더 크게 성공하기 위해 우리 안의 천박한 욕망을 비우지 못하고 부족한 것을 채워 달라며 주님께 떼를 쓰고 사치스러운 기도를 드릴 때가 많았습니다.

자비로우신 주님, 신앙의 나이를 먹어 가며 신앙인으로 살아온 세월만큼이나 속사람도 겉사람도 주님을 닮아 가면 좋을 텐데, 변하지 않는 속사람과 겉사람을 부둥켜안고 사는 우리의 모습 때문에 주님의 마음을 아프게 하지는 않았는지요? 주님, 그래도 우리는 부족하지만 주님을 따라가려 합니다. 주님이 주신 은혜와 사랑이 한량없이 크기에 그 은혜에 감사해서 결코 이 길을 포기할 수가 없습니다. 주님, 우리에게 자비를 베풀어 주셔서 주님께서 주신 능력으로 믿음의 선한 경주를 용기 있게 달려갈 수 있도록 도와주옵소서.

여름성경학교와 수련회를 통해 미래에 우리 교회와 우리나라의 기둥이 될 하나님의 자녀들이 양육되고 훈련받게 하시니 감사를 드립니다. 연일 계속되는 무더위 속에서도 하나님의 사랑과 보호하심 가운데 각 기관의 모든 수련회 행사들이 잘 진행되도록 도와주시고, 하나님의 은혜를 경험하는 귀한 시간이 되게 하옵소서.

우리의 피난처 되신 하나님, 무더운 날씨 속에서도 나라를 지키기 위해 군문에서 수고하는 우리의 아들들이 있습니다. 학업을 위해 원근 각처에서 무더위와 싸우는 자녀들이 있습니다. 하나님의 선교사역을 위해 이국 만리 오지에서 수고하는 선교사님들이 있습니다. 육신의 연약함으로 병상에서 치유의 손길을 애타게 기다리는 이들도 있습니다. 삶의 궁핍함 속에서 하나님이 열어 주실 기회의 문을 간절히 두드리는 이들도 있습니다. 지구촌 곳곳에서 전쟁과 기아, 기상재해로 인해 많은 사람들이 삶의 터전과 희망을 잃고 아픔을 겪고 있습니다. 지금도 북녘의 우리 동포들은 먹을 것과 입을 것을 걱정하며 병이 들어도 치료할 약품조차 없이 죽어 가는 어려운 삶을 연명하고 있습니다. 사랑의 하나님, 이렇게 많은 이들에게 하나님의 손길이 필요합니다. 하나님의 능력의 손으로 위로와 사랑을 드러내 주시기를 간절히 원합니다.

이 시간 하나님께서 세워 주신 목사님이 하나님의 말씀을 선포하실 때, 그 말씀의 능력이 우리 가운데 임하여 우리의 부끄러운 상황들이 물러가며, 우리의 믿음과 삶이 성숙해지기를 원합니다. 우리에게 주신 복이 우리의 삶을 넘어 세상의 모든 이웃들에게 흘러넘쳐서 거룩한 영향력을 끼치며 살 수 있도록 하나님의 능력을 드러내 주옵소서. 이 예배를 위해 봉사하는 많은 손길들을 기억하셔서 협력하여 선을 이루게 하시고, 이 예배가 온전히 주님 홀로 영광 받으시는 예배가 되게 하옵소서. 이 모든 말씀을 오늘도 우리의 능력이 되시는 주 예수 그리스도의 이름으로 기도드립니다. 아멘.

8월 주일예배 기도문

김공남 집사(홍익교회)

저희의 삶을 거룩함으로 인도하시는 하나님, 지난 한 주간도 함께하셔서 저희의 삶과 신앙을 붙들어 주심에 깊은 감사를 드립니다.

한 주일간 사는 동안 주님의 말씀을 아는 자로서 경건하게 살지 못하고, 세상에 속한 사람들과 똑같은 것을 바라고 구하며 살았음을 회개합니다. 알고 있으나 행하지 못하는 저희를 불쌍히 여기시어, 이 시간 저희가 드리는 예배가 세속적인 것들을 제하고 주님의 말씀과 은혜로 채우는 시간이 될 수 있도록 도와주시옵소서.

세계 곳곳에서 자연재해와 테러 등으로 많은 사람들이 고통받고 있습니다. 이 사람들이 주님을 알고 진리를 깨달아 구원의 기쁨을 누릴 수 있게 하여 주시고, 이 일에 저희의 물질과 시간과 몸이 사용될 수 있도록 도와주시옵소서.

여름 휴가철로 한창입니다. 어디에서 무엇을 하든 주님의 종으로서 생활하게 하시고, 항상 안전에 유념하여 이번 여름휴가를 통해 더욱 돈독한 가정으로 바로설 수 있도록 복된 시간이 되게 하옵소서.

여러 가지 이유로 이 예배에 참석하지 못한 성도님들을 위해 기도합니다. 각자가 가지고 있는 문제가 어떤 것이든 근본 원인을 해결할 수 있는 지혜와 강건함을 주시고, 문제를 통해 하나님을 바라보는 삶이 되도록 저희를 이끌어 주시옵소서.

교회 안에서 진행되고 있는 모든 행사와 교육이 개인의 삶을 살리고, 각자의 신앙을 부흥시킬 수 있도록 도와주시옵고, 그 모든 과정 가운데 주님께서 세우신 뜻이 올바르게 지켜지도록 함께 해 주시옵소서.

이 예배 가운데 영과 진리로 임하시고, 단 위에 서신 목사님에게 영육 간의 강건함을 주시어 주님과의 관계가 더욱 가까워질 수 있도록 이끌어 주시옵소서. 예배의 모든 것을 주님께 맡기오며 예수님의 이름으로 기도드립니다. 아멘.

9월 주일예배 기도문

이우진 청년(높은뜻푸른교회)

　말씀으로 천지를 창조하시고, 인간의 생사화복을 주관하시는 하나님 아버지, 찬양과 경배와 영광을 돌립니다. 지난 한 주간도 하나님의 은혜 가운데 살다가 거룩한 주일날 온전한 모습으로 예배드리게 하시니 감사드립니다.
　죽을 수밖에 없는 저희를 십자가의 보혈로 죄 사함 받게 하시고 용서하여 주신 하나님, 비와 무더위로 힘들었던 여름을 잘 견디게 하시고 이제 가을을 맞아 삶 가운데 믿음과 은혜의 결실을 맺게 하시니 이 또한 진심으로 감사드립니다.
　하나님 아버지, 세상이 내 뜻대로 되지 않음을 알면서도 완전해지고 싶은 교만함 때문에 남의 것을 내 것인 양 욕심도 부려 보았고, 내 자리가 아닌 것을 탐하기도 했습니다. 가진 것을 자랑하고 드러내고 싶어서 더 높은 곳에 오르고자 하기도 했습니다. 그것이 넘어지고 깨어지고 부서지는 것도 모르고 살아온 어리석은 영혼입니다. 그럼에도 불구하고 "너는 내 사랑하는 아들이다."라고 감싸 안아 주시는 하나님, 그런 하나님을 알게 하시고 날마다 더 알아 가는 삶이 되게 하여 주시옵소서.

우리 안에 역사하시는 성령 하나님, 우리가 지금도 살아 있음과 아직 기회가 있음을 깨닫게 하시어 눈물로 회개하고 기도하고 간구하는 저희가 되게 하여 주시옵소서. 진실해야 할 때 진실하지 못하면 거짓이 되고 속이는 것이 됨을, 정직하고 진실할 수 있는 것 또한 하나님의 거룩한 은혜임을 깨달아 알게 하소서.

공평하고 공의로우신 하나님, 이 나라와 민족이 하나님을 두려워하고 경외하는 민족이 되게 하소서. 나와 다르면 모두 잘못됐다는 이분법적 논리로 인한 사회 갈등, 빈부의 격차로 인하여 심화되고 있는 양극화, 그리고 진리를 호도하는 자들로 인해 가치가 떨어진 도덕적 양심 등 사회적으로 혼란스러운 가운데 있습니다. 진정 이 나라를 이끌어 가는 지도자들에게 하나님의 섭리를 알게 하셔서 두렵고 떨리는 마음으로 가난한 자의 눈물을 닦아 주고, 병들고 힘없는 자들의 고통을 덜어 주는 선한 리더십을 펼쳐 이 사회의 문제를 해결토록 해 주시옵소서.

　예배 가운데 목사님에게 능력을 허락하시고, 성령의 인도하심 따라 말씀을 듣고 단 위에 서게 하셨으니 말씀을 대언하실 때 은혜가 넘치게 하시고 성령이 충만한 시간이 되게 하옵소서. 말씀을 듣는 저희에게는 열린 마음과 듣는 귀를 주시고, 늘 감사가 넘치게 하여 주시옵소서. 또 이 예배를 위해 찬양대가 온 마음 다해 찬양으로 하나님께 영광을 돌리오니 홀로 받으시고, 안내, 봉헌, 주차 안내, 식당 봉사 등으로 수고한 손길을 기억하여 은혜 내려 주시옵소서. 예수님의 이름으로 간절히 기도드립니다. 아멘.

10월 주일예배 기도문

이래영 안수집사(태릉교회)

하나님, 올 한 해가 세 달도 남지 않은 지금, 그 시간 동안 우리를 지키시고 함께해 주심에 감사를 드립니다.

하나님, 산들이 울긋불긋해지고 날씨도 쌀쌀해져 가는 가을입니다. 추수할 것들을 살펴보고 열매를 드려야 할 때입니다. 우리의 삶 가운데도 추수할 것과 드려야 할 열매가 풍성한지 되돌아보니 잘못한 일들이 더 많았고, 죄지은 것도 많았고, 회개하지 못한 것도 참 많았습니다. 늘 말로는 신앙생활을 열심히 하겠다고 하지만 성경을 펼쳐 보는 날은 주일뿐이었고, 기도해야지 결심하지만 발등에 불 떨어져 다급한 일이 아니면 하나님을 찾지 않을 때가 더 많았습니다. 추수할 것보다는 잘라 내야 할 것들이 더 많은 저희의 모습입니다. 하나님, 부족한 저희를 용서하여 주시고, 다시 하나님을 찾고 말씀을 펼치도록 하여 주시옵소서.

하나님, 이 시간 우리가 감사의 열매를 많이 찾았으면 합니다. 성경은 범사에 감사하라고 말씀합니다. 사전적으로 보면 범사란 갖가지 모든 일, 평범한 일을 말합니다. 하나님, 저희가 갖가지 모든 일에 감사를 드리고 있습니까? 생각해 보면 범사에 감사하는 것이 쉬운 일이 아닌 것 같습니다. 세상의 모든 일 가운데 좋은 일만 있는 것은 아니기 때문입니다. 그리고 일상의 평범한 일들은 눈에 들어오지 않을 때가 많습니다. 삶 가운데 어려운 일에 쉽게 감사하기 어렵다는 것은 누구나 다 아는 사실이고, 매일의 반복되는 평범한 일상에 일일이 감사하기도 쉽지 않습니다.

지독한 감기에 걸려 아플 때, 일이 고되고 힘들 때, 왜 나한테만 이런 나쁜 일이 생기는지 의문이 들 때, 아침에 집을 나서면서 받았던 햇살, 어제와 똑같은 반찬, 오늘도 학교에 다녀온 아이들 등이 범사에 감사할 일들임을 고백합니다. 하나님, 범사에 감사의 열매를 드리게 하여 주시옵소서. 오늘 하루 동안 찬양을 부를 때 멜로디와 가사에 감사드리고, 목사님이 전해 주시는 말씀을 통해 한 주간의 위로와 은혜 주심에 감사드리고, 주방에서 식사를 준비하시는 봉사자들에게 감사드리고, 재잘거리며 예배드리러 오는 아이들을 보며 감사하는 하루 되게 하여 주시옵소서.
　이 모든 것, 우리의 죄를 용서하시고 감사할 수 있도록 생명을 주신 예수님의 이름으로 기도드립니다. 아멘.

11월 주일예배 기도문

최홍련 집사(대덕한빛교회)

　이 세상 만물을 창조하시고 우리를 사랑하시어 하늘 보좌에서 언제나 우리를 돌보시는 아버지 하나님, 특별히 오늘 우리가 함께 모여 높고 위대하신 하나님께 신령과 진정으로 예배드릴 수 있게 해 주심에 감사를 드립니다.
　하나님의 창조의 원리를 따라 세상의 모든 피조물들은 올 한 해도 새 생명을 탄생시켰습니다. 또 그 창조된 생명 속에 깃든 하나님의 사랑은 이 세상을 더 풍성하고 아름답게 만들었습니다. 우리는 한 해 동안 하나님이 보여 주신 그 풍성한 아름다움들을 세상 속에서만이 아니라 교회 안에서, 사랑하는 우리 형제자매들과 함께 누릴 수 있었습니다. 또한 우리 교회가 예수 그리스도를 통해 보고 들은 그 생명의 사랑을 다시금 마음속에 품고 우리 주변의 그늘진 곳 구석구석에 비추기 위해 힘써 노력할 수 있었음이 주님의 은혜임을 고백합니다. 하나님께 감사한 것은 우리가 그 모든 순간들 속에서 우리 행위의 옳음을 보이기 위해 노력한 것이 아니라 하나님의 주 되심을 증거하게 하셨고, 하나님이 이 세상 속에 우리를 살아가게 하시는 것이 세상으로부터 우리를 거룩한 자로 격리시키기 위함이 아니라 우리가 세상 사람들의 삶에 가깝게 호흡해야 함을 다시금 확인하게 해 주신 것입니다.

세상의 모든 것들이 파종을 하는 시기가 있고, 그것이 싹을 틔워 열매가 맺히기를 고대하는 시기가 있고, 그 열매를 창고로 거두어들이는 시기가 있으며, 또 자신의 몸을 움츠리고 추운 겨울을 견뎌 내며 다시금 올 새로운 봄날을 기다리며 꿈꾸는 시기가 있습니다. 하나님이 창조하신 모든 피조물의 삶이 그러할진대 우리는 언제나 열매가 맺혀 가는 시기에는 왜 거둘 것이 없냐고 하나님께 원망하며, 거둬야 할 시기에는 풍성한 알곡들을 바라보며 왜 우리에게 안식을 주지 않으시냐며 되묻기 일쑤였습니다. 한 해를 시작할 때에 하나님의 뜻에 합당한 자로 살겠다고 다짐했던 우리가 어느새 변명과 원망에게 그 자리를 내주어 버렸습니다. 하나님, 우리의 이번 주의 삶 역시 그러하였습니다. 우리의 한 주간의 삶을 하나님 앞에 있는 그대로 내려놓고 주님 앞에 섭니다. 우리가 부끄러움을 가지고 왔사오니, 하나님의 독생자 예수 그리스도의 보혈의 은혜로 우리의 죄를 용서하여 주시고, 다시금 우리가 그 공로에 힘입어 예배에 합당한 거룩한 주님의 자녀가 되게 하여 주시옵소서. 상하고 지친 영혼들이 주님의 은총을 간구하며 모였사오니 우리의 작은 신음에 응답하시어 치료하시고 위로하여 주시옵소서.

> 주일예배

    11월이 우리에게 참 값진 것은 아무런 생각과 목적 없이 한 해의 마지막만을 바라보며 달려가던 우리를 잠시 멈춰 세우고, 새해에 우리가 하나님 앞에 품었던 믿음의 고백과 다짐들을 다시금 떠올릴 수 있기 때문입니다. 제자들이 예수님의 십자가의 죽음을 경험하고 모든 것이 끝났다며 절망에 빠져 있던 그 시간에 우리 예수님은 부활하시어 스스로 부활을 증거하셨습니다. 우리도 이미 끝나 버린 것 같은 한 해의 끝자락에서 부활의 주님이신 예수 그리스도를 의지하며 나아갑니다. 의심 많고 두려워만 하는 우리가 예배 속에서 부활의 주님을 만나고 새 생명 속에 남은 한 해를 하나님의 뜻에 합당하게 살아가게 하여 주시옵소서. 부족한 저희들을 주님의 사랑으로 만져 주시고, 안아 주시고, 사랑 안에 거하게 하여 주시옵소서.

    담임목사님을 비롯한 모든 교역자님들, 그리고 모든 이들이 더욱더 하나님의 말씀으로 강건해지며, 우리 모든 교우들이 서로 하나 되어 구제와 봉사, 교육과 훈련, 선교와 전도 등 하나님께서 주신 사명을 잘 감당할 수 있는 11월과 12월이 될 수 있도록 하여 주시옵소서.

성령님, 이 시간 우리 가운데 오셔서 우리의 마음이 오로지 하나님께만 집중할 수 있도록 도와주시고, 찬양과 기도와 말씀 속에 우리 각자가 걸어가야 할 예수 그리스도의 십자가의 길이 무엇인지 깨닫게 하여 주시옵소서. 거룩하고 자비하신 예수 그리스도의 이름으로 기도드립니다. 아멘.

12월 주일예배 기도문

황성균 집사(충신교회)

　지극히 높으신 영광의 여호와 하나님, 이렇게 한 해를 보내며 시작도 그러하였듯 마지막도 예배함으로 마무리할 수 있게 하심을 감사드립니다. 언제나 우리의 발걸음에 등불 되어 주시고, 우리의 기도를 들어주시며, 말씀하여 주시고, 위로하여 주신 주님께 모든 영광을 돌려 드리오니, 완전하신 주님만 홀로 높임을 받으시옵소서.
　한 해를 되돌아봅니다. 우리의 삶 가운데에 얼마나 어리석은 순간들이 많았는지요. 등불이 되어 주시는 주님을 믿지 못하여 조금만 어두워도 길을 잃고 헤매며 방황하고, 말씀으로 인도하시는 주님의 음성에 귀를 닫고 세상의 소리에 즐거워할 때가 많았습니다. 기도와 찬양을 쉬지 않아야 할 입술로 비난과 판단을 서슴지 않았으며, 주님의 시선이 있는 곳을 외면하고 우리가 원하는 것에 모든 초점을 맞추기도 하였습니다. 한 해를 마무리하는 이 시점에서 죄송한 마음으로 자복하며 회개하오니, 우리를 긍휼히 여기사 예수 그리스도의 보혈로 우리의 죄를 눈과 같이 희게 하옵소서. 회개가 끊이지 않음으로 반복되는 죄 가운데서 벗어나 사탄에게 틈을 주지 않게 하시고, 다음 해에는 더욱더 거룩한 삶을 살아가는 우리 모두가 되게 하옵소서.

올 한 해도 우리가 살아가는 이 사회에는 참 많은 일들이 있었습니다. 이 혼탁하고 혼란스러운 상황 가운데 우리가 무엇을 해야 할지, 어떤 기도를 하며 움직여야 할지 알지 못했습니다. 하나님, 이 나라와 한국교회의 성도들을 불쌍히 여기셔서 세밀한 주님의 음성을 듣게 하시고, 담대함과 따뜻한 마음으로 지금보다 더욱더 분별력 있는 새로운 해를 준비하며 나아가게 하옵소서.

우리의 소망은 오직 예수 그리스도임을 다시 한번 고백합니다. 진리이신 예수 그리스도를 믿으며 한 해 동안 고집스레 붙잡고 있던 것들을 내려놓고 내년에는 더욱더 주님을 닮은 모습으로 살아가며 성장하는 우리 모두가 되기를 간절히 소망합니다. 언제나 우리를 사랑하시는 예수 그리스도의 이름으로 기도드립니다. 아멘.

THE BOOK OF COMMON PRAYER

렘브란트의 "기도하는 다윗"

〈시편 51 : 1~7〉
¹하나님이여 주의 인자를 따라 내게 은혜를 베푸시며 주의 많은 긍휼을 따라 내 죄악을 지워 주소서 ²나의 죄악을 말갛게 씻으시며 나의 죄를 깨끗이 제하소서 ³무릇 나는 내 죄과를 아오니 내 죄가 항상 내 앞에 있나이다 ⁴내가 주께만 범죄하여 주의 목전에 악을 행하였사오니 주께서 말씀하실 때에 의로우시다 하고 주께서 심판하실 때에 순전하시다 하리이다 ⁵내가 죄악 중에서 출생하였음이여 어머니가 죄 중에서 나를 잉태하였나이다 ⁶보소서 주께서는 중심이 진실함을 원하시오니 내게 지혜를 은밀히 가르치시리이다 ⁷우슬초로 나를 정결하게 하소서 내가 정하리이다 나의 죄를 씻어 주소서 내가 눈보다 희리이다

시편 51편은 밧세바와 동침하여 죄를 지은 다윗이 선지자 나단을 만난 후 하나님께 회개했던 기도문이다. 네덜란드의 유명한 화가 렘브란트는 시편 51편에 나타난 다윗의 심경을 그림으로 표현했는데, 우리는 이 그림을 통해 무릎을 꿇고 침상을 적시며 간절히 기도하는 다윗의 진심 어린 마음을 느낄 수 있다.

기도하는 다윗

수요예배 기도문

너희 염려를 다 주께 맡기라
이는 그가 너희를 돌보심이라 _ 벧전 5 : 7

1월 수요예배 기도문

송영희 권사(명륜중앙교회)

전능하시고 영원하신 아버지 하나님, 말씀으로 우주 만물을 창조하시고 섭리 가운데 주관하시는 그 위대하심과 존귀하심에 찬양과 경배를 드립니다. 저희를 하나님의 형상대로 지으시고 아버지의 진리 가운데 거하게 하시니, 그 크신 사랑과 은총에 감사드립니다. 또한 저희에게 예배를 허락하시고 찬송과 기도와 말씀으로 주님과 깊은 교제를 할 수 있도록 인도하심에 감사드립니다. 이 시간, 온 마음과 뜻을 다해 주님께 찬양과 경배를 올려 드리오니 홀로 영광 받으옵소서.

은혜의 주님, 저희가 주님의 형상대로 살지 못하고 죄인의 모습으로 살았음을 고백하며 회개하오니 불쌍히 여기셔서 용서하여 주시옵소서. 지난 한 해를 돌아볼 때, 주님께 드린 열매가 많지 않음을 솔직히 고백합니다. 헌신과 봉사에 대한 열매도 없었고, 주님의 말씀에 대한 열매도 없었습니다. 영혼을 불쌍히 여기는 사랑의 열매도 없었고, 영혼 구원을 위한 전도의 열매도 없었습니다. 그러나 저희의 이러한 부족한 모습에도 새롭게 한 해를 시작할 수 있는 은혜를 주셨으니, 앞으로는 성령 안에서 말씀과 기도로 영적인 열매를 풍성히 맺게 하시어 주님께 영광 돌리는 삶이 되게 하여 주옵소서.

교회의 머리가 되시는 주님, 우리 교회가 성령의 능력을 날마다 체험하는 교회가 되게 하시고, 말씀을 실천하는 교회, 늘 기도하는 교회, 세상 속에서 이웃을 섬기는 교회, 주님을 알지 못하는 자들에게 주님의 살아 계심을 증거하는 교회가 되게 하셔서 언제나 주님의 뜻을 이루게 하옵소서.

주님, 담임목사님을 영육 간에 강건하게 하시고, 성령과 진리로 충만하게 하사 주님께서 맡기신 사명을 잘 감당하게 하시며, 오직 주님의 피 묻은 십자가만 바라보며 주님의 영광을 위해 달려갈 때 주님의 권능으로 함께하시어 귀한 열매 맺게 하옵소서. 오늘도 말씀 전하실 때 빛의 말씀을 선포하게 하시고, 그 말씀을 듣는 저희들이 주의 말씀을 따라 풍성한 빛의 삶을 살도록 은혜 베풀어 주옵소서. 부교역자들을 성령으로 붙잡아 주셔서 만사형통하게 하시고, 날마다 주님의 보좌에 영광 돌리게 하옵소서.

　이 시간이 주님께는 영광이요, 우리에게는 주님이 주시는 평화를 누리는 복된 시간이 되게 하실 줄 믿으며, 우리 주 예수 그리스도의 이름으로 기도드립니다. 아멘.

2월 수요예배 기도문

양영희 권사(장현교회)

　사랑의 하나님, 오늘도 저희에게 삶의 자리를 허락하여 주심을 감사드립니다. 또 하루 동안 각자의 자리에서 수고하게 하시고, 이렇게 수요예배로 모이게 하심을 감사드립니다. 우리의 육신이 비록 힘들고 피곤할지라도 하나님의 은혜와 말씀을 사모하는 마음으로 하나님 앞에 나왔사오니, 이 시간 저희의 예배를 받아 주시옵소서.

　사랑의 하나님, 세상에서 살아가는 모든 주의 지체들을 위하여 기도합니다. 그들의 삶이 비록 세상 가운데 있을지라도 매 순간 하나님을 기억하게 하시고, 각자의 자리에서 하나님께서 원하시는 삶을 살게 하셔서 그들의 삶이 하나님 안에서 힘 있는 삶이 되게 하시며, 그곳에서 하나님의 아름다운 천국을 이루어 가게 하여 주시옵소서.

사랑의 하나님, 우리의 자녀들을 위하여 기도합니다. 열심히 공부하고 있는 자녀들, 국방의 책임을 감당하고 있는 자녀들, 사회의 초년생으로 직장에 다니는 모든 자녀들과 하나님께서 함께해 주시기를 간절히 기도합니다. 그들이 세상적인 가치에 물들어 살아가지 않게 하시고, 세상이 원하는 사람이 되기보다는 하나님께서 원하시는 선한 청지기와 같은 사람이 될 수 있도록 바른 길로 인도하여 주시옵소서. 무엇보다 주님을 섬기는 것을 가장 중요한 일로 생각하게 하시고, 그렇게 살아감으로 하나님뿐만 아니라 세상에서도 사랑받으며 주님께 영광 돌리는 자녀들이 되게 하여 주시옵소서.

사랑의 하나님, 저희 중에 육체의 고통, 정신적 고통, 경제적 고통, 또 관계의 고통 가운데 있는 지체들이 있습니다. 하나님, 그들을 기억하여 주시옵소서. 그들의 고통과 어려움을 하나님께서 알아주시고, 그들에게 힘이 되어 주시기를 기도합니다. 간절히 바라기는 그들이 어떤 절망 가운데 있다고 할지라도 그 자리에서 하나님 앞으로 나올 수 있게 하시고, 그로 인해 자신의 힘이 아닌 하나님의 힘으로 모든 것들을 이겨 낼 수 있게 하여 주시옵소서.

> 수요예배

사랑의 하나님, 오늘도 말씀을 들고 단 위에 서신 목사님을 붙들어 주시기를 간절히 기도합니다. 선포되어지는 말씀이 듣는 모든 이들에게 하나님 앞으로 나아가게 하는 말씀이 되게 하여 주시옵고, 그 말씀으로 인하여 우리의 삶이 하나님께 거룩하게 드려지게 하여 주시옵소서. 이 시간 우리와 함께하시고, 임재하셔서 홀로 영광 받아 주시옵소서. 예수님의 이름으로 기도합니다. 아멘.

3월 수요예배 기도문

유은영 집사(수동교회)

　은혜와 사랑이 충만하신 하나님 아버지, 오늘 이 시간 예배의 자리에 나올 수 있는 믿음과 환경을 허락해 주심을 감사드립니다. 하나님의 자녀로 살아가면서 지키지 못한 약속이나 서원대로 살지 못했던 죄가 있는지 이 시간 돌아보며 회개하오니 지은 죄가 있다면 용서하여 주시고, 하나님의 은혜로 정결하게 씻어 주시길 원합니다.

　또한 이 시간 연초에 세웠던 믿음의 언약들을 지키고 있는지 되돌아보며, 다시 주님 앞에 처음 신앙을 고백하며 흘렸던 눈물을 기억하기를 원합니다. "여호와여 주는 나의 방패시요 나의 영광이

시요 나의 머리를 드시는 자이시니이다"라고 고백하였사오나, 우리의 연약함 때문에 주저하고 행하지 못하고 머물러 있을 때가 너무도 많았습니다. 우리가 아버지 앞에 무릎 꿇고 모든 염려를 주께 맡기며 마음을 모아 더욱 기도할 수 있기를 원합니다. 어려운 이웃을 향한 사랑을 실천하며 거룩한 하나님의 자녀답게 살아가기를 소망합니다. 또한 우리 교회가 호흡하는 자마다 하나님을 찬양하는 믿음으로 서는 교회 되게 하시어 우리를 통해 하나님의 나라가 이웃과 지역 사회에 전파되게 하시고, 진정한 하나님의 자녀로 살아갈 수 있는 믿음과 은혜를 허락해 주시며, 하나님의 선교에 크게 쓰임 받는 교회 되게 하옵소서.

하나님, 3·1절 대한독립 만세를 부르짖으며 함께 광복을 희망하던 형제들이 이제는 총부리를 겨누며 살아가는 분단의 아픔 속에 있습니다. 북한 땅에 복음이 전파되어 하나님의 역사하심으로 선이 악을 이김을 증거하게 하시어 이 땅에 평화적으로 통일이 이루어지게 하옵소서. 그 과정 가운데 우리가 주님의 뜻하신 바를 알게 하시고, 깨어 기도할 때에 화해로부터 진정한 회복이 이루어지게 하여 주옵소서.

이 시간, 마음을 다해 예배드리기 원합니다. 오직 주의 이름만이 이곳에 있습니다. 예배를 사모하면서도 이 예배 자리에 참석하지 못한 성도들의 사정과 형편을 아시는 주님, 그들을 위로해 주시고, 병석에 누워 오직 주님만을 희망으로 부르짖는 자, 심령이 가난한 자, 경제적 어려움으로 세상을 두려워하는 자들을 회복시켜 주시어 함께 예배할 수 있는 기쁨을 주시길 원합니다. 희락과 화평의 옷으로 덧입혀 주시길 원합니다. 주님을 사랑합니다. 주님을 갈망합니다. 오늘 허락해 주신 이 예배를 통해 감사함을 깨닫는 시간 되게 하옵소서. 이 모든 말씀 예수님의 이름으로 간절히 기도드립니다. 아멘.

4월 수요예배 기도문

홍선채 권사(대봉교회)

　우리 인생의 주인 되신 하나님, 주의 말씀으로 한 주를 시작하여 각자의 삶의 자리에서 열심히 살다가 하나님의 부르심 속에 수요예배로 모이게 하시니 감사합니다.

　오늘 이 시간 하나님을 만나게 하시고, 슬픔 중에 있는 성도에게는 위로를, 근심 중에 있는 성도에게는 새 힘을, 감사 중에 있는 성도에게는 더 큰 감사를, 은혜를 사모하며 나온 성도에게는 영적 충만함을 허락하옵소서. 저희의 찬양과 기도를 받으셔서 이 예배가 하나님께는 영광이 되고, 저희 모두에게는 은혜가 되게 하옵소서.

교회를 위해서 기도합니다. 우리 교회가 날마다 주의 영광으로 가득한 믿음의 공동체가 되게 하시며, 세월이 흘러갈수록 믿음의 깊이와 너비가 더해 가게 하옵소서. 주의 빛과 사랑을 실천하는 역동성을 더하여 주사 우리의 만남을 통해 주님의 생명수가 흐르게 하시고, 주의 말씀을 사모하며 모인 교제 가운데 하나님의 나라가 임하는 믿음의 공동체 되게 하옵소서.

이 나라와 민족을 위해서 기도합니다. 이 나라의 위정자들이 하나님의 섭리 앞에 겸손하여 시대적 소명을 직시하고, 올바른 방향으로 국정을 운영할 수 있도록 지혜를 더하여 주옵소서. 또한 언론과 기업이 바른 길을 걸어가게 하시며, 편견과 차별로 인하여 억울한 자들이 없게 하시고, 굶주린 북녘땅에도 거룩한 변화가 있게 하옵소서.

이 시간 주님의 귀한 종을 단 위에 세우셨으니, 목사님을 통해 우리에게 주님의 말씀이 선포되어질 때 우리 모두가 새 힘을 얻어 기쁨으로 살아가다가 아름다운 승전고를 울리는 주일을 맞이하게 하옵소서. 이 예배의 주인 되신 예수님의 이름으로 기도합니다. 아멘.

5월 수요예배 기도문

김의식 목사(치유하는교회)

매일매일 삶의 순간마다 함께하시는 하나님 아버지, 지난 3일간도 동행해 주시고, 저희의 삶의 방향을 공의로우신 하나님의 뜻에 맞추도록 다시 주님의 거룩한 전에 나오게 하시니 감사드립니다. 한순간도 스스로 율법의 규범 아래에서 온전히 살아갈 수 없는 연약한 저희들의 영적 상태를 아시되 그런 저희들을 책망하기보다는 다시 영적으로 재기할 수 있는 은혜의 자리로 불러 주신 주님의 그 큰 사랑을 의지하며 나왔사오니, 이 시간 세상의 찌든 흔적들을 다 지워 주시고, 주님의 말씀으로 새롭게 채워지도록 은혜를 베풀어 주시옵소서.

사랑의 주님, 이 땅의 가정들이 무너지고 있습니다. 세상의 유혹들이 믿음의 가정에까지 깊이 들어와 있고, 거룩한 예배를 가벼이 여기는 풍조가 만연해지고 있습니다. 믿음의 길을 떠나는 자녀들이 늘어나고 있습니다. 예배가 무너지고, 진리에 대해서 점점 눈과 귀가 어두워지고 있습니다. 교회에서는 사랑의 소리보다는 서로를 모함하고 비난하는 소리가 더욱 커지고 있습니다. 순전한 신앙을 사모하기보다는 세상과 적당히 타협하면서 그리스도인 행세를 하고 있는 것이 저희의 모습입니다.

주님, 이런 저희를 용서하여 주시옵소서. 다시 예배를 온전히 세워 주셔서, 믿음의 가정들이 예배 안에서 하나 되게 해 주시옵소서. 부모들이 먼저 무릎 꿇고 기도하게 하시며, 자녀들은 진리의 말씀 위에 서서 꿈을 꾸며 목표를 향해 달려가게 하옵소서. 앞 세대는 믿음의 본을 보이게 하시고, 다음 세대는 믿음의 유산을 이어 가게 하옵소서.

저희의 기도를 들어주시는 주님, 주님 다시 오실 그날을 고대하며 믿음의 경주를 달려갈 때에 유혹에 넘어지지 않게 하시고, 미움으로 헛된 길에 들어서지 않게 하옵소서. 일곱 번씩 일흔 번까지라도 용서하라고 하신 주님의 말씀을 따르기 원합니다. 주님의 마음을 허락하여 주시고, 날마다 주님을 닮아 가게 하옵소서. 이 모든 말씀 예수 그리스도의 이름으로 기도합니다. 아멘.

6월 수요예배 기도문

김경분 권사(경북안동교회)

사랑의 아버지 하나님, 이 시간 주님의 전에 나오게 하시고 주님의 이름을 찬양하며 예배드리게 하시니 감사합니다. 또한 우리를 허망한 생각과 허탄한 자리에 앉지 않게 하시고, 아버지 앞으로 인도하여 주시니 감사합니다.

동족상잔의 쓰라림과 폐허 속에서도 오늘이 있게 하신 하나님의 은혜와 그 경륜을 생각하며 감사드립니다. 하오나 주님, 우리가 아픔과 상처, 가난과 소외 속에서 홀로 견디고 있는 이웃을 돌아보지도, 또 도움의 손길을 주지도 못한 채 우리의 안위와 배부름만 추구했음을 고백하오니 용서하여 주옵소서.

아버지 하나님, 이 나라와 민족을 기억하여 주옵소서. 각 분야의 지도자들에게 복을 내려 주시어 정직하고 건강한 심령으로 자기의 소임을 성실히 감당하게 하옵소서. 문화, 예술이라는 이름하에 하나님을 모독하는 일이 없도록 도와주옵소서. 세상의 혼란스러운 사건과 사고, 소요 속에서 우리나라도 예외는 아닙니다. 불안함이 팽배한 이때에 하나님이 원하시는 시기와 때를 잘 아는 지혜를 주셔서 올바른 일을 행하되 기회를 놓치지 않게 하시고, 현재의 이익과 손실보다 큰 역사 가운데에 있는 하나님의 나라를 보며 복음을 증거하는 데에 온 힘을 쏟게 하옵소서. 그리하여 이 땅에 평화가 깃들고 철조망으로 갈라진 이 나라가 하나 되며, 저 북녘땅에도 찬양이 울려 퍼지게 하옵소서. 에스더와 같이 우리로 하여금 일어나 기도하게 하옵소서.

장애를 안고 태어나 고통 중에 있는 사람들을 살펴 주시고, 소외된 노인들과 고아와 심한 질병으로 고통받는 이들과 가난으로 탄식하는 이들, 가족 간의 불화로 상처받은 모든 이들에게 찾아오셔서 위로와 소망을 주옵소서. 또한 우리에게 능력 주시어 그들을 향해 도움의 손길을 내미는 역할을 감당하게 하옵소서.

말씀을 전하시는 목사님을 영육 간에 강건하게 하시고, 말씀의 권위와 기도의 능력이 있게 하시어 성도들을 하나님 나라로 바르게 인도하며, 하나님의 마음에 합한 교회로 성장시켜 가게 하옵소서. 이 예배를 통해 진리가 선포되고, 하나님의 영광이 드러나며, 주님의 자녀들에게 은혜의 문을 열어 주옵소서. 예수님의 이름으로 기도드립니다. 아멘.

7월 수요예배 기도문

윤영숙 권사(행복한교회)

　우리 삶의 거할 반석 되시는 하나님 아버지, 오늘 한 날의 시종을 지켜 보호하여 주실 뿐 아니라 우리 인생 전체의 신실한 동반자가 되어 주심에 감사드립니다. 또한 오늘도 우리를 하나님을 예배하는 거룩한 자리로 불러 주심에 진심으로 감사드립니다.
　한 해의 상반기와 석별하며 되돌아보니 악한 세대로부터 세월을 아끼고 어리석은 자가 되지 말고 오직 주의 뜻이 무엇인지 분별하라는 말씀대로 살아가지 못했음을 고백합니다. 나무들은 때를 따라 가지를 뻗고 과실을 맺습니다. 하늘을 나는 새들은 나뭇가지에 깃들어 보금자리로 삼고 맺힌 과실을 양식 삼아 살아갑니다. 하나님, 우리에게는 나무와 같이 때를 따라 성장하는 믿음과 새와 같이 은혜에 자족하는 넉넉한 마음이 없었습니다. 우리에게 주어진 하루 속에서 하나님의 섭리를 깨닫지 못했습니다. 언제나 무언가에 쫓기며 목마름 속에 살았습니다. 하나님의 나라와 뜻을 구하기보다는 우리 자신의 만족과 유익을 위해 살았습니다. 주어진 것들에 감사하기보다는 더 많은 것을 갈구하였으며, 불평과 불만으로 우리의 삶을 가득 채우는 삶을 살았습니다. 지나온 시간들을 회개하는 마음과 하나님이 우리에게 새롭게 허락하실 시간들을 기대하는 마음으로 오늘 예배의 자리로 나아왔습니다. 하나님, 더 이상 입으로만 시인하는 것이 아니라 우리의 삶으로 시인하는 믿음의 삶을 살게 하여 주시고, 복음의 모양이 아니라 복음의 능력으로 가정과 세상 속에서 그리스도인임을 증명하는 삶이 될 수 있도록 은혜를 베풀어 주시옵소서.

특별히 하반기에 우리 교회가 하나님과 이웃들을 섬기기 위해 준비하고 있는 많은 사역들을 위해 기도합니다. 모든 사역들 가운데 하나님의 뜻을 구하는 것이 먼저 되게 하여 주시고, 일을 얻기 위해 사람을 잃는 일이 없게 하여 주시며, 이를 위해 헌신하는 모든 이들이 지치지 않고 서로 협력하여 기쁨으로 하나님의 일에 동참하게 하여 주시옵소서.

오늘도 예배의 자리로 나올 수 있는 믿음을 허락하여 주셔서 감사합니다. 예배를 통해 우리의 상한 심령들이 치유받게 하여 주시고, 하나님의 은혜의 단비 속에 촉촉하게 우리의 몸과 마음을 적시는 시간이 되게 하여 주시옵소서. 질병과 그 외의 어려움으로 인해 함께 예배드리지 못하는 자들, 하나님을 찾지만 삶의 어두움으로 어디로 가야 할지 알지 못하고 헤매는 수많은 하나님의 사람들을 기억하여 주시옵소서. 필요하다면 우리가 그들의 친구가 될 수 있도록 하여 주시옵소서.

언제나 우리의 좋은 친구가 되어 주시며, 우리에게 피할 요새가 되어 주시는 예수 그리스도의 이름으로 기도합니다. 아멘.

8월 수요예배 기도문

김미란 권사(홍익교회)

하나님, 타는 듯한 열기가 숨쉬는 것조차 어렵게 만드는 여름의 한 날에도 우리가 지치지 않고 건강한 육신과 정신을 가지고 예배의 처소로 나올 수 있게 해 주신 은혜에 감사드립니다.

하나님, 그러나 우리가 사는 오늘은 견디기 힘든 이 여름의 열기보다 더 우리를 힘들게 하며, 희망보다는 절망만 가득한 것처럼 보입니다. 그런 세상 속에서 우리가 하나님의 사람으로서 할 수 있는 일이 더욱이 없어 보입니다. 하나님의 말씀을 우리의 삶에 직접적으로 적용하기에는 너무나도 생경한 것같이 느껴질 때도 많이 있습니다. 그래서 하나님 앞에 예배를 드리는 지금의 우리의 모습과 삶의 현장을 살아가는 우리의 모습이 많이 달라져 버렸습니다. 그리고 점차 우리는 그런 어색함마저도 익숙하게 받아들이고 있습니다.

썩을 양식을 위해 일하지 말고 영생하도록 있는 양식을 위하여 일하라는 예수님의 말씀에 제자들은 자신들이 무엇을 하는 것이 하나님의 일이냐고 물었습니다. 이에 예수님께서는 하나님께서 보내신 이를 믿는 것이 하나님의 일이라고 말씀하셨습니다. 세상에서 가장 미련하고 처절하게만 여겨졌던 예수 그리스도의 십자가 사건이 죄인 중의 죄인이었던 저희를 새로운 피조물로 거듭나게 하는 기적을 일으켰음을 우리는 기억합니다. 이 세상 속에서 예수 그리스도를 믿는 일이 무슨 힘이 될 수 있을까 의심했던 우리의 믿음 없었음을 회개합니다. 하나님, 무엇보다 예수님을 믿는 믿음이, 예수 그리스도의 이름으로 기도하는 일이 세상 속에 참된 빛과 소금으로 살아가는 하나님의 모든 자녀들에게 첫 번째 일이요, 가장 중요한 일임을 믿고 살아갈 수 있게 하여 주시옵소서. 그래서 예수님의 마음을 가지고 세상의 불의와 아픔에 대해 기도하게 하시고, 아픔과 절망 가운데 있는 자들을 사랑으로 품을 수 있는 우리 교회가 되게 하여 주시옵소서.

오늘도 상한 심령과 더불어 예배를 사모하는 마음으로 나아온 모든 하나님의 자녀들을 기억하여 주시옵소서. 예배를 위해 헌신하는 모든 이들의 손길들을 통해 참된 섬김의 본을 보여 주신 예수 그리스도의 삶을 보게 하여 주시옵소서. 목사님을 통해 전해지는 하나님의 말씀 가운데서 하나님의 뜻을 분별하며 세상 속에서 거룩을 이루어 갈 수 있게 하여 주시옵소서.

    언제나 우리의 필요를 외면하지 아니하시고, 우리의 양식과 호흡이 되어 주시는 예수 그리스도의 이름으로 기도합니다. 아멘.

9월 수요예배 기도문

천지혜 집사(가나안교회)

　전능하신 하나님 아버지, 지난 삼 일 동안도 주님의 은혜로 보호하여 주시고 이 시간 수요예배로 모이게 하시니 감사드립니다. 죽을 수밖에 없는 우리를 불쌍히 여기시어 예수 그리스도를 이 땅에 보내 주시고, 십자가에 달려 죽으시고 부활하셔서 우리에게 영생을 선물로 주시고 주님의 자녀 삼아 주신 그 사랑에 너무나 감사드립니다. 그렇지만 우리는 주님의 그 사랑을 잊어버리고 주님을 부인하며 말씀에서 벗어난 삶을 살았던 때가 많았음을 고백합니다. 우리의 죄를 용서하시고 다시 새롭게 하사 주님의 은혜의 통로가 되는 우리가 되게 하옵소서. 한여름의 뜨거움이 지나가고 곧 있을 추수를 설렘으로 기다리고 있습니다. 우리의 삶도 무르익어 성령의 열매들이 열리도록 기도하게 하옵소서.

거룩하고 자비하신 하나님 아버지, 대통령과 이 나라의 지도자들에게 하나님을 경외하는 마음과 지혜를 주셔서 진심으로 나라를 사랑하고 사명감으로 성실히 일하게 하옵소서. 계층 간, 세대 간의 갈등이 해소되고 배려와 섬김과 나눔과 화합이 있게 하옵소서. 예수님으로 인하여 꿈을 꾸는 민족이 되게 하옵소서.

하나님의 자녀들이 세계 열방 가운데 사용되어지기를 원합니다. 이 땅에 세워 주신 교회마다 성령의 은혜로 새롭게 변화되어 하나님의 거룩하심과 사랑을 나타내게 하옵소서. 우리 교회에 은혜를 주셔서 성령의 역사가 크게 일어나고, 기도와 말씀과 전도에 힘쓰며, 하나님의 자녀들이 말씀 가운데 양육되고 훈련되어 하나님의 나라를 위해 쓰임 받게 하옵소서.

은혜로우신 하나님 아버지, 이 시간 주님의 은혜를 간절히 소망하며 나온 모든 성도들마다 하나님을 만나고 심령이 새로워지게 하옵소서. 성전에 모여 기도할 때마다 주님의 놀라운 역사들이 나타나 심령이 변화되고, 막혀 있던 문들이 열리며, 모든 산들이 평지가 되는 역사가 이루어지게 하옵소서. 치료와 회복이 있게 하옵소서.

주님의 종으로 부르심을 받고 우리 성도들의 영적 삶을 보살피는 담임목사님과 부목사님, 전도사님 가정에 은혜와 평강을 주옵소서. 날마다 예수님의 구원의 은총과 천국의 능력을 나타내게 하시고, 일상의 모든 필요를 채워 주시며, 그리스도의 복음을 증거하는 일이 가로막히지 않도록 지켜 주시고, 하나님을 신실하게 경외하고 경건함을 지켜 믿는 가정의 본이 되게 하옵소서.

거룩하신 성령님, 말씀을 전하실 목사님께 기름 부어 주셔서 성령 충만하게 하시고, 선포되는 말씀을 통하여 우리의 심령이 힘을 얻고 새로워지게 하옵소서. 예수님의 이름으로 기도드립니다. 아멘.

10월 수요예배 기도문

이필남 권사(경북안동교회)

거룩하신 하나님 아버지, 바쁜 삶 가운데서도 이 시간을 잊지 않고 수요예배로 모이게 하시니 감사드립니다.

주 앞에 겸손히 엎드려 지난 시간들을 돌아보니 저희가 영적으로 무뎌져 주님의 뜻을 깨닫지 못하고 살아왔음을 깨닫게 됩니다. 불의를 행하면서도 마음에 거리낌이 없었고, 입으로는 하나님을 찬양하면서도 속으로는 불평과 불만, 비난과 원망을 입에 달고 살았습니다. 교회 안에서는 끼리끼리 교제하며 만족하였습니다. 봉사를 하면서도 마음속에 교만함이 가득 차 있었고, 바쁘다는 핑계로 하나님을 아는 지식에 이르도록 힘쓰지 못하였으며, 한 사람의 영혼이 세상 무엇보다 중요함에도 전도하는 일에 열정을 쏟지 못했습니다. 하나님 아버지, 이 모든 죄들을 생각하며 두렵고 떨리는 마음으로 회개하오니 우리를 불쌍히 여겨 주옵소서. 예배 가운데 하나님의 말씀을 들음으로 우리의 마음밭에 믿음의 씨앗을 심어 주사 믿음의 사람으로 교훈받고, 책망받아 바르고 의롭게 살아갈 수 있는 저희가 되도록 도와주시옵소서.

교회를 사랑하시는 하나님 아버지, 교회의 주인이 예수 그리스도이심을 고백하며 우리가 성도들과 지체들의 아픔을 함께 나누며 안타깝게 여기고, 신앙 공동체를 위해 기도하게 하여 주옵소서. 직분자들과 믿음에 굳게 섰다고 생각하는 이들이 교회의 주인인 것처럼 교만하게 행하지 않도록 도와주옵소서. 그리스도의 말씀이 우리 속에 풍성히 거하여 모든 지혜로 피차 가르치며 권면하고 시와 찬미와 신령한 노래를 부르는 교회, 온 성도들이 서로 사랑하고 도우며 교회의 지체로서 아름답게 연합하는 교회가 되게 하여 주옵소서.

만병의 치료자이신 하나님 아버지, 육체의 질병으로 신음하는 성도들을 불쌍히 여겨 주옵소서. 투병하는 동안 지치고 상한 몸과 마음에 새 힘을 주시고, 하나님을 의지하며 한 주를 살아가게 하옵소서. 도움과 위로의 손길을 보내셔서 외롭지 않게 하옵소서. 또한 물질의 궁핍함과 사업의 어려움으로 힘들어하는 성도들이 그 누구도 줄 수 없는 회복과 위로의 은혜를 이 시간 누리게 하여 주옵소서.

복음이 온 땅에 전파된 후에야 끝이 오겠다고 하신 주님, 우리에게 건강과 물질을 주셔서 복음을 전할 수 있는 기회를 허락하셨을 때 최선을 다하게 하여 주옵소서. 오늘도 보냄을 받아 세계 곳곳에서 복음을 전하시는 선교사님들을 강건케 하여 주시고, 낮이나 밤이나 복음을 전할 때 세계 열방이 하나님 앞으로 돌아오는 역사를 이루어 주옵소서.

하나님 아버지, 우리나라의 경제가 든든히 서 가고 통일의 날이 앞당겨지도록 대통령과 위정자들에게 하나님을 경외하는 은혜를 주시고, 올바른 정신과 판단력으로 맡겨진 일들을 정직하고 성실히 행할 힘을 더하여 주시옵소서.

이 시간 하나님의 말씀을 전하실 목사님께 성령의 능력을 더하여 주셔서 권세 있는 하나님의 말씀이 선포될 때 우리 모두 하나님의 말씀을 통해서 소망을 품게 하여 주옵소서. 우리를 죄에서 구원하여 주신 예수님의 이름으로 기도드립니다. 아멘.

11월 수요예배 기도문

최홍련 집사(대덕한빛교회)

하나님, 천지만물의 창조자이시며 모든 피조물들의 호흡이 되시는 우리 아버지께 찬양을 올려 드립니다.

하나님께서는 오늘도 창조의 질서 속에서 우리가 하나님의 아름다움을 이해하고 경험하게 하십니다. 하지만 우리는 대부분의 시간 속에서 하나님이 보시기에 좋으셨던 하늘과 땅과 바다, 그리고 그 가운데 거하는 모든 피조물들을 대수롭지 않게 여기고 무심히 스쳐 지나갈 때가 많이 있었습니다. 하나님이 느끼셨던 감격과 기쁨을 바쁘고 여유가 없다는 이유로, 우리의 눈이 닿는 지근거리 어디에나 있다는 이유로 등한시하고 살아갈 때가 많았습니다. 손

수요예배

에 닿을 정도로 가까이에 있기에 더 아름답고 소중한 것들인데, 우리에게 가장 가까이 있는 우리 가족들과 교회 성도들을 아름답게 여기지 못하고 소중하게 대하지 못했습니다. 하나님, 하나님이 보시기에 좋으셨던 그것들이 우리의 눈에도 보기에 좋은 것으로 여겨지게 하여 주시고, 하나님이 아들을 보내면서까지 아끼시고 사랑하셨던 우리 가족과 교회를 소중한 존재들로 여기고 사랑하게 하여 주시옵소서.

세계를 위해 기도합니다. 하나님의 창조의 은혜를 기억하지 못하고 종교와 이념 갈등, 이기심, 잃어버린 양심으로 얼룩진 세상 이곳저곳을 보게 됩니다. 하루가 멀다 하고 사람이 겪지 말아야 할 고통으로 아파하는 사람, 죽지 말아야 할 이유로 죽어 가는 사람들에 대한 소식이 뉴스를 가득 채우고 있습니다. 하나님, 이 세상을 불쌍히 여겨 주시고 하나님의 자비를 베풀어 주시옵소서.

하나님, 아버지의 뜻과 은혜로 이 땅에 복음이 전해져 바로 우리의 삶의 터전에 교회가 세워졌습니다. 올 한 해 우리 교회가 해 왔던 많은 교육, 선교, 구제의 사역들을 돌아봅니다. 많은 시행착오와 어려움도 있었지만, 매 순간마다 하나님의 임재 속에서 우리가 합심하여 기도하고 믿음으로 모든 일들을 충성되이 감당할 수 있게 하여 주심을 감사드립니다. 이제 곧 새롭게 시작할 한 해의 많은 사역들을 새롭게 구상하고 확정하는 시기에 있습니다. 우리 교회가 교회를 위한 교회에 국한되지 않고 세계를 품고 섬기는 교회가 될 수 있도록 하여 주시고, 내년의 교회 사역들이 하나님의 지혜로 잘 계획되어질 수 있도록 하여 주시며, 우리 모두가 그 일에 참으로 충성된 자들이 되도록 은혜를 베풀어 주시옵소서.

이 예배를 하나님께 올려 드립니다. 상한 심령임에도 우리의 시간과 삶을 구별하여 하나님께 나아왔으니 영광 받으시고 우리로 하여금 하나님의 은혜를 맛보게 하여 주시옵소서. 예배를 섬기는 모든 손길 위에 하나님께서 은혜를 더하여 주시고, 목사님의 설교를 통해 하나님께서 말씀하실 때 다시금 남은 한 주를 살아갈 힘과 용기를 얻게 하여 주시옵소서.

오늘도 우리를 위로하시고 사랑한다 말씀하여 주시는 예수 그리스도의 이름으로 기도합니다. 아멘.

12월 수요예배 기도문

진귀자 권사(수원영은교회)

하나님, 긴 새벽의 어둠을 뚫고 이 땅에 참된 빛으로 오신 예수님을 기억하며 하나님의 은혜에 깊은 감사와 찬양을 올려 드립니다.

하나님, 특별히 12월 한 달을 대림절로 지킬 수 있게 하여 주심에 감사합니다. 세상은 한 해의 마지막을 아쉬워하며 묵은 한 해를 보내는 송년의 분위기로 거리 곳곳이 가득합니다. 하지만 우리 하나님의 백성들에게 한 해의 마지막인 12월을 이 땅에 아기 예수께서 오신 하나님의 구원계획의 시작의 달로, 우리의 거듭남의 시작의 달로 기억하고 감사하며 기념할 수 있게 해 주셔서 감사합니다.

하나님, 우리가 지난날을 돌아보며 절망과 낙심 속에 12월을 보내는 것이 아니라 지난 과거를 거울삼아 앞을 향해 한 걸음 내딛는 담대한 믿음의 시간이 될 수 있도록 하여 주시옵소서.

하나님께서는 미가 선지자를 통하여 베들레헴 에브라다가 유다 족속 중에 극히 작지만 이곳에서 예수님께서 나실 것을 우리에게 말씀해 주셨습니다. 하나님께서는 예수님을 아무도 눈길을 두지 않는 예루살렘 변방의 작은 마을 베들레헴, 그것도 허름한 마구간 가축들 사이에서 나게 하심으로 그 누구도 예수님의 탄생에 자신이 이 모양 저 모양으로 기여했다고 말할 수 없게 하셨습니다. 기대하지 않았던 그날에, 기대하지 않았던 그곳으로 우리를 찾아오신 예수님은 목마른 자 모두에게 값없이 거저 생수의 물을 마시라 말씀하셨습니다. 하나님, 그 은혜 가운데 오늘 우리 교회를 세워 주심에 감사를 드립니다. 베들레헴 그 작은 마구간의 은혜를 우리 모든 성도들이 함께 누릴 수 있도록 우리 가운데 더 큰 믿음의 확신과 사랑의 실천을 허락하여 주시옵소서.

간절히 예배를 사모하는 마음으로 이곳에 모인 성도들의 마음을 보시고 오늘 이 시간도 우리를 하나님의 은혜의 현장으로 초청하여 주시옵소서. 눈물이 앞을 가려 하나님을 볼 수 없는 자들의 눈물을 닦아 주셔서 하나님을 보게 하여 주시고, 삶의 절망으로 도무지 일어날 힘이 없는 자들에게 새롭게 일어날 힘을 허락하여 주시옵소서. 오늘의 양식을 위해 기도하는 자들이 있습니다. 우리의 공급자 되시는 하나님, 부족하지도 넘치지도 않는 일용한 양식으로 채워 주시고, 주신 것에 감사할 수 있는 넉넉한 마음 또한 허락하여 주시옵소서.

예배를 통해 진실한 찬양과 기도가 우리의 입과 마음에서 흘러나와 하나님 앞에 올려지는 금대접의 향기가 되게 하시고, 하나님의 말씀을 통한 믿음의 결단이 이웃을 섬기는 사랑이 되게 하여 주시옵소서. 성령님, 오늘 예배를 친히 주관하여 주시고 우리가 성령님의 넘치는 임재를 경험할 수 있도록 함께하여 주시옵소서.

낮은 자로 이 땅에 오셔서 십자가에 달려 돌아가시기까지 겸손히 하나님께 순종하셨던 우리의 구원자 되시는 예수 그리스도의 이름으로 기도합니다. 아멘.

예수님의 겟세마네 동산에서의 기도

〈마가복음 14 : 32~36〉
32그들이 겟세마네라 하는 곳에 이르매 예수께서 제자들에게 이르시되 내가 기도할 동안에 너희는 여기 앉아 있으라 하시고 33베드로와 야고보와 요한을 데리고 가실새 심히 놀라시며 슬퍼하사 34말씀하시되 내 마음이 심히 고민하여 죽게 되었으니 너희는 여기 머물러 깨어 있으라 하시고 35조금 나아가사 땅에 엎드리어 될 수 있는 대로 이때가 자기에게서 지나가기를 구하여 36이르시되 아빠 아버지여 아버지께서는 모든 것이 가능하오니 이 잔을 내게서 옮기시옵소서 그러나 나의 원대로 마시옵고 아버지의 원대로 하옵소서 하시고

마가복음 14 : 36의 예수님의 기도에서 느낄 수 있듯이 십자가에서의 죽음을 앞둔 당시 예수님의 고통은 이루 말할 수 없었을 것이다. 그래서 사전에서는 '겟세마네'를 '커다란 정신적 고통을 겪는 장소나 사건'으로 정의하고 있다.

이 조각이 있는 곳은 예루살렘 올리브산 기슭에 위치한 겟세마네 교회이다. 겟세마네 교회는 겟세마네 동산에서 예수님이 체포되시기 전 고뇌와 기도의 밤을 보낸 곳으로 알려진 장소를 기념하여 세워진 교회로서, 16개국(아르헨티나, 브라질, 칠레, 멕시코, 이탈리아, 프랑스, 스페인, 영국, 벨기에, 캐나다, 독일, 미국, 아일랜드, 헝가리, 폴란드, 오스트레일리아)이 교회 건립 성금을 냈다고 해서 만국교회로도 불리운다.

겟세마네 교회 안의 조각

교회력
기도문

그의 귀를 내게 기울이셨으므로
내가 평생에 기도하리로다 _ 시 116 : 2

사순절 예배 기도문

박신애 목사(밀알교회)

하나님, 혼돈과 공허와 흑암의 구렁텅이에서 뒹굴던 저희에게 하나님이 빛으로 다가오셨을 때, 저희는 두렵고 떨렸습니다. 그 빛으로 인해 어떤 것으로도 씻기지 않는 저희의 더러움이 드러났을 때, 저희는 부끄러워 더 깊은 구렁텅이로 들어가고 싶었습니다. 그러나 하나님이 그 구렁텅이 위에서 저희의 이름을 부르셨을 때 귀에 울린 그 음성은 너무나 따스했습니다. 스스로도 귀하게 여길 수 없을 만큼 땅에 떨어져 짓밟히던 저희의 이름이 하나님의 그 입에서 불리어졌을 때 다시 반짝이며 빛나게 되었습니다.

하나님, 하지만 저희의 이름을 불러 주신 하나님께 손을 뻗었을 때 결코 닿을 수 없는 하나님과의 거리가 있음을 깨닫고 절망하고 말았습니다. 하나님이 계신 곳은 빛나고 높았으며, 저희가 있는 곳은 어둡고 낮았습니다. 저희는 다시금 더 깊은 구렁텅이로 들어갈 수밖에 없었습니다. 그러나 저희가 스스로 하나님께 닿을 수 없었을 때 하나님은 어느새 다가와 저희의 손을 잡고 계셨습니다. 하나님의 빛나던 옷은 저희와 같이 더러워졌고, 하나님의 높은 보좌는 어둡고 더러운 구렁텅이가 되었습니다. 하나님이 저희와 같이 되셨습니다.

교회력

하나님, 하나님이 끌어안아 주셨을 때 저희는 그 품에서 움츠러들었습니다. 저희 몸에서 나는 역한 냄새와 결코 씻기지 않을 더러움들 때문이었습니다. 하지만 하나님의 품은 그 어떤 곳에서도, 그 어떤 사람에게서도 느껴 보지 못한 참 평안을 저희에게 주었습니다. 하나님, 하나님의 품에 안긴 그때 저희는 알게 되었습니다. 하나님은 높은 곳에서 저희를 내려다보시며 심판하시는 분이 아니었습니다. 하나님은 깨끗한 옷을 입으시고 더러움의 구렁텅이에 있는 저희를 동정하시는 분이 아니었습니다. 하나님은 저희가 어디 있든 함께하기 원하시는 사랑 그 자체이셨습니다. 그리고 하나님, 하나님이 저희 대신 더러운 죄의 옷을 입으셨을 때, 저희 대신 손가락질당하시며 십자가를 지셨을 때, 저희 대신 십자가에서 생명을 내어 주셨을 때, 사망의 권세를 이기시고 다시 사셨을 때 저희는 하나님의 이름을 새롭게 부르게 되었습니다.

　아버지, 이제 저희는 사망의 구렁텅이를 벗어나 영원한 생명의 빛 가운데에 거합니다. 아버지, 이제 저희는 그 어떤 것으로도 더럽혀지지 않을 의의 옷을 입고 걸어갑니다. 아버지, 이제 저희는 그 누구의 정죄함도 받지 않을 거룩한 하나님의 자녀가 되었습니다. 아버지, 이제 저희는 아버지의 집에 영원히 거하기를 원합니다. 아버지께서 지금도 고통 중에 있는 영혼들을 위해 머물고 계시는 그 사망의 구렁텅이로 저희의 걸음을 떼기 원합니다. 기꺼이 낮고 더러운 곳으로 임하셔서 빛을 비추시고, 이름을 불러 주시고, 손을 뻗어 주시고, 끌어안아 주시고, 생명을 주시기까지 참 사랑을 보이신 아버지를 닮게 하소서. 예수님의 이름으로 기도합니다. 아멘.

종려주일 예배 기도문

김영옥 장로(연동교회)

하나님 아버지, 독생자 예수 그리스도를 대속물로 내어 주심으로 우리를 죄에서 구원해 주신 은혜에 감사드립니다. 주님께서 걸어가신 길을 기억하며 종려주일 예배를 드리오니 기쁘게 받으시옵소서.

종려나무 가지를 흔들며 "호산나 찬송하리로다 주의 이름으로 오시는 이 곧 이스라엘의 왕이시여!"라는 군중들의 환호 속에 예루살렘으로 입성하신 주님, 주님께서는 왕으로 오셨음에도 불구하고 겸손하게 어린 나귀를 타고 입성하셨습니다. 저희가 주님의 인내와 섬김을 본받아서 늘 이웃을 사랑하고 베풀고 섬기게 하시고, 주님의 이름을 존귀하게 드러내는 삶을 살아가게 하옵소서. 또한 우리를 위하여 십자가에 못 박혀 돌아가신 예수님의 사랑을 기억하며 살아가기 원합니다. 우리의 삶이 구원의 감격으로 가득하게 하시고, 이 기쁨을 세상에 전하며 살아가게 하옵소서.

교회를 사랑하시는 하나님 아버지, 우리 교회가 은혜의 통로 역할을 잘 감당하게 하시고 빛과 소금으로서의 삶을 살아갈 뿐만 아니라 온 교회가 성령으로 하나 되게 하옵소서. 그리하여 만백성을 구원하시려고 세상에 오신 주님의 뜻이 속히 이루어지게 하옵소서. 또한 복음을 전하는 일도 게을리하지 않게 하옵소서. 지금 이 시간에도 세계 곳곳에서 복음을 전하시는 선교사님들을 기억하시고 오직 복음을 전하고자 헌신하는 발걸음마다 늘 성령 충만케 하옵소서. 어떤 어려움 가운데서도 선교의 사명을 잘 감당하여 복음의 열매를 풍성히 맺을 수 있도록 은혜 베풀어 주옵소서.

거룩하신 하나님 아버지, 이 나라를 불쌍히 여기시고 긍휼히 여기시옵소서. 죄악이 만연하여 잠시도 마음을 놓고 살아갈 수 없는 이 시대에 주님께서 친히 다스리고 이끄시옵소서.

이제 목사님께서 말씀을 전하실 때에 성령 충만케 하시고, 은혜가 넘치게 하사 말씀을 받는 저희의 심령이 변화되게 하옵소서. 평화의 왕으로 세상에 오신 예수 그리스도의 이름으로 기도드립니다. 아멘.

고난주간 예배 기도문

김미란 권사(홍익교회)

　우리를 향한 하나님의 사랑을 확증하기 위해 독생자를 세상에 보내 주신 하나님, 예수님께서 십자가를 지시기 위하여 예루살렘 성으로 입성하사 고난을 당하신 고난주간을 기념하며 예배를 드립니다. 이 시간, 섬김을 받으려 함이 아니라 도리어 섬기려 하고 자신의 목숨을 많은 사람을 위한 대속물로 주신 주님의 헌신을 기억하는 은혜의 시간이 되게 하옵소서.

　고난의 잔을 옮겨 주시기를 기도했지만 아버지의 뜻을 이루기 위해 십자가를 달게 지신 주님의 모습을 기억합니다. 하나님 아버지의 뜻이 하늘에서 이루어진 것같이 이 땅에서도 이루어질 수 있도록 우리가 늘 하나님의 뜻을 구하며 살아가게 인도하여 주옵소서.

교회를 위해 기도합니다. 우리 믿음의 사람들이 나귀를 타고 겸손하게 오신 주님의 마음을 본받게 하시고, 낮은 자리에서 믿음의 지체들과 한국교회를 위해 섬김의 밀알로 썩어지게 하옵소서. 그리하여 구원받는 사람이 날마다 늘어났던 초대교회의 부흥과 성장이 이 땅의 교회 위에 임하게 하시고, 교회가 세상 속에서 빛과 소금의 사명을 다하는 구원의 방주가 되게 하옵소서.

우리나라를 위해 기도합니다. 물질을 사랑하고, 하나님의 말씀을 거역하며 감사하지 아니하고, 하나님을 사랑하는 것보다 쾌락을 좇기에 급급한 말세의 때를 힘겹게 살아가는 이 땅의 사람들을 기억하여 주옵소서. 아직도 많은 사람들이 복음을 알지 못해 영적인 혼란 속에서 허우적대고 있습니다. 대통령부터 어린아이에 이르기까지 여호와의 영광을 인정하는 물결이 이 땅에 가득하게 하시고, 이로 인해 정치, 사회, 교육, 문화, 예술, 경제에 이르는 전 영역에서 부정부패가 사라지고 하나님의 공의가 이루어지게 하옵소서. 그리하여 하나님께서 창조 때에 지으신 본래의 모습대로 회복되어지고, 주님을 향한 찬양과 감사가 끊이지 않는 나라가 되게 하옵소서.

이 예배를 통해 우리의 믿음에 영적인 진보가 나타나게 하시고, 세상을 향한 영적 소명을 깨닫게 하시며, 복음을 전하는 하늘에 속한 사람이 되게 하여 주옵소서. 예수님의 이름으로 기도드립니다. 아멘.

교회력

성금요일 예배 기도문

추형호 집사(대구소망교회)

하나님, 예수님이 징계를 받으심으로 우리가 평화를 누리고, 채찍을 맞으심으로 우리가 나음을 얻었음을 고백합니다. 창조주의 아들이 피조물인 우리의 죄로 인하여 십자가에 못 박혀 돌아가셨고, 그 보혈의 공로로 인하여 우리가 이 자리에 서 있게 되었습니다. 주께서 흘리신 피로 우리의 죄가 눈과 같이 깨끗하게 되었음과 주의 죽으심으로 우리가 새 생명을 얻었음을 고백합니다. 주의 한량없으신 은혜에 전심으로 경배와 감사를 올려 드립니다.

또한 주님 앞에서 무릎 꿇으며 회개의 기도를 드립니다. 주님, 주님께서 우리의 죄를 대신 지시고 십자가에 못 박혀 죽임을 당하실 때에 우리의 죄가 주님의 몸에 채찍을 휘둘렀고, 우리의 거짓이 주님의 손에 못을 박았습니다. 우리의 교만이 주님의 무릎을 상하게 하였으며, 우리의 위선이 주님의 옆구리를 찌르게 하였습니다.

그러나 우리는 그곳에서 아무것도 할 수 없었습니다. 죄인인 우리는 눈물을 흘리며 주님을 바라볼 수밖에 없었습니다. 우리의 마지막 소망이시요, 희망이신 주님이 마지막 숨을 내뱉으실 때에 우리가 할 수 있는 것은 아무것도 없었습니다. 오히려 우리는 또다시 거짓을 말하며 그 자리에서 도망가기 바빴습니다. 그럼에도 십자가에 달리셨을 때 우리를 바라보며 후회를 하거나 책망하시기보다는 하나님께 순종하며 끝까지 우리의 죄를 대신 지신 주님, 감사를 드립니다. 비참한 우리의 모습을 용서하시고 긍휼을 베풀어 주옵소서.

우리가 주님의 은혜에 다 보답할 수는 없으나 우리의 생명을 받아 주시옵고, 주님의 헌신을 다 노래할 수 없으나 우리의 찬양을 받아 주시옵소서. 우리가 이 세상을 살아갈 동안 주님의 십자가만을 바라보며 주님이 가신 걸음을 따라가는 삶을 살게 하옵소서. 주님께서 지신 십자가를 따라 들고, 주님께서 흘리신 피를 기억하며 나아가게 하옵소서. 성령님, 우리와 함께하셔서 끝까지 순종하신 주님의 그 믿음을 닮아 가게 하여 주옵시고, 끝까지 사랑하신 그 큰 사랑을 닮아 가게 하옵소서.

죽을 수밖에 없었던 우리를 구원해 주시고, 기도할 수 없는 죄인인 우리에게 기도할 수 있는 은혜를 주심에 감사를 드립니다. 주님을 위해 우리가 할 수 있는 것이 보잘것없으나 받아 주시고, 주님 가신 그 고난의 길을 따라 걷는 영광을 허락하옵소서.

주의 피값으로 사신 바 된 우리가 되었으니 주의 뜻이 우리에게 임할 줄 믿사옵니다. 주의 영광이 이 땅 가운데 이루어지게 하소서. 우리 주 예수 그리스도의 이름으로 기도드립니다. 아멘.

부활주일 예배 기도문

최병원 목사(평해제일교회)

　말씀으로 천지만물을 창조하신 하나님 아버지, 창세전부터 우리를 거룩한 자로 택하여 주시고 하나님의 본체시며 하나님과 동등하신 하나님의 아들, 예수님을 보내 주셔서 감사합니다. 예수님이 우리를 위해 하늘 보좌를 버리시고 낮고 낮은 말구유로 내려오시고 또한 십자가에서 속죄의 피를 흘려 주심에 온 마음을 다해 감사드립니다.

　사망과 사탄의 저주의 결박에서 우리를 완전히 풀어 주시고자 부활하신 주님, 예수님의 부활하심을 우리가 영원히 기억하며 주님의 부활이 오늘 우리에게 영원한 생명의 빛으로, 영혼에는 부활의 기쁨이 흘러넘치게 하여 주시옵소서.

날마다 고통 속에 신음하는 우리 영혼들에게 그리스도의 빛이 새롭게 비춰짐으로써 이 땅에 부활의 새 역사가 임하길 원합니다. 주님의 은혜와 말씀을 잊고 살아가는 이 땅을 불쌍히 여기시어 다시금 하나님의 긍휼의 은혜를 베푸시고, 부활의 빛으로 임하여 주시옵소서. 그리하여 전쟁과 가난과 질병에서 우리를 건지시고, 성령의 감동하심으로 회개의 바람이 불어 영원한 부활의 빛이 이 땅 곳곳을 비추게 하여 주시옵소서.

전능하신 하나님 아버지, 주님이 부활하신 기쁨의 소식이 한국 교회를 통하여 온 세계에 전해지기 원합니다. 부활의 빛을 등경 아래 감추며 맛을 잃은 소금과 같이 세워져 있는 한국교회를 용서하시고, 다시금 생명의 부활, 기쁨의 부활, 희망의 부활을 전파하게 하옵소서. 그래서 그리스도의 몸 된 교회들이 부활의 생기로 세상을 밝히는 등대가 되게 하여 주시옵소서.

부활의 주님, 오늘 우리의 삶에 친히 강림하시길 원합니다. 우리의 영혼에 부활의 생기를 불어넣어 주시고, 주님의 부활의 기쁨이 우리 모든 성도들의 심령과 가정에도 임하게 하여 주시옵소서. 이 땅의 모든 크리스천들이 강하고 담대한 자들이 되길 원합니다. 우리의 삶 모든 곳에 부활의 능력이 임하여 가난한 심령을 부요케 하시고, 사망과 저주에서 대속하여 주시며, 모든 결박으로

부터 자유하게 하여 이 세상에서 우리가 주님을 선포하는 부활의 증거자들이 되게 하여 주시옵소서. 우리를 영원한 부활의 생명에 참여할 수 있도록 은혜를 주신 예수 그리스도의 이름으로 기도합니다. 아멘.

교회력

성령강림주일 예배 기도문

이순창 목사(연신교회)

사랑의 하나님, 오늘은 성령께서 오순절 마가의 다락방에 임하셨던 것을 기념하는 성령강림주일 예배로 하나님께 영광을 돌립니다. 세상 속에서 그리스도인으로 살기 위해 노력하고 애쓰다 주의 날에 예배하기 위해 모였습니다. 우리의 예배를 기뻐 받아 주시고, 십자가의 은혜로 충만한 예배, 하나님과 친밀한 교제가 있는 예배, 죄 사함의 은총을 체험하는 예배가 되게 하옵소서.

자비하신 주여, 우리 가운데 한 주간을 세상 속에서 승리하며 살았던 지체들의 환호가 있는가 하면, 반대로 세상에서 실패한 이들의 탄식도 있습니다. 또한 마음대로 살다가 주를 기억하고 돌아온 이의 고백이 있는가 하면, 어리석은 삶을 살아 차마 고개도 들지 못한 채 가슴을 치는 울부짖음도 있습니다. 이 모든 것 가운데 마음을 다해 예배드리는 우리가 있습니다. 우리의 모든 것을 드리오니 받으시옵소서. 예배를 통해 우리 슬픔이 변하여 기쁨이 되게 하옵소서. 우리 어리석음이 변하여 하나님을 경외하는 지혜가 되게 하옵소서. 우리 연약함이 변하여 하나님을 경외하는 강함이 되게 하옵소서. 하나님께 은혜를 구하오니 허락하옵소서.

교회력

성령께서 오심으로 교회가 시작되었음을 기억합니다. 성령께서 함께하심으로 교회가 교회답게 될 것을 기대합니다. 오늘 우리에게 오셔서 교회를 새롭게 하시옵소서. 교회의 본질을 회복할 수 있게 하옵소서. 성령의 인도하심으로 하나님과 더 깊은 교제를 나눌 수 있게 하옵소서. 성령의 조명으로 교회의 사명을 잘 감당하게 하시고, 더욱 사랑하게 하시며, 주께 하듯이 서로가 서로를 잘 섬기게 하옵소서. 이스라엘 백성들과 다를 바 없이 너무도 쉽게 하나님의 은혜를 잊고 하나님을 외면하며 살았던 우리를 용서하사 임재하여 주시고, 우리 속에서 하나님의 은혜를 생각나게 하시고 깨닫게 하시어 하나님의 품에서 떠나지 않도록 하옵소서. 더 나아가 예수님께서 주신 명령을 잘 감당할 수 있게 하옵소서.

모든 어그러짐을 고치시는 주여, 이 시간 질병 때문에 어그러진 육신으로 고통당하는 이들에게, 사업 때문에 어그러진 삶으로 아파하는 이들에게, 가족이나 사람들과의 관계, 욕심 등 수많은 이유 때문에 뒤틀리고 어그러진 삶을 살아가는 이들에게 치유의 은혜를 베풀어 주시옵소서. 먼저 내밀어 주신 하나님의 손길을 의지함으로 아뢰고 예배하며 하나님의 은혜를 구하오니, 주여 자비를 베풀어 주시옵소서. 하나님의 샬롬이 선포되는 예배가 되게 하옵소서.

    이 나라와 세계를 불쌍히 여기시어 진리가 바로 서고, 하나님의 진리가 인정되는 세상이 될 수 있도록 성령께서 우리를 사용하시옵소서. 세상 속에 그리스도를 선포할 때 주의 역사하심에 우리의 삶이 방해가 되고 걸림돌이 되지 않도록 항상 깨어 있게 하옵소서. 더욱더 악하게 변해 가는 세상에 물들어 자신을 지킬 수 없는 연약한 우리를 아시오니, 우리를 도우시어 승리하는 삶을 살게 하옵소서.

    이 시간 예수 그리스도의 복음의 말씀을 대언하실 목사님을 성령께서 세워 주셨습니다. 선포되는 말씀에 은혜 받게 하시고, 도전 받게 하시며, 삶을 살아갈 능력을 얻게 하옵소서. 예배를 통해 부어진 성령의 은혜로 세상을 변화시킬 수 있는 힘을 얻게 하옵소서. 주 예수 그리스도의 이름으로 기도합니다. 아멘.

추수감사주일 예배 기도문

은은희 집사(높은뜻오차노미즈교회)

하나님 아버지, 저희에게 아버지라 부를 수 있는 은혜 주심을 감사드립니다. 또한 한 해 동안 돌보아 주신 그 사랑에 감격하며 이 추수의 계절에 주께 감사의 예배로 나아오게 하심에 깊은 감사를 드립니다.

주님의 자녀 된 삶을 온전히 살아가지 못하는 순간순간이 부끄러워 이 시간 주 앞에 고개 숙여 조아립니다. 이웃의 아픔을 내 것처럼 헤아리지 못하였고, 그 무엇보다 하나님의 나라를 먼저 구하라는 말씀을 지키지 못하였습니다. 또한 세상과 구별됨 없이 헛된 것을 꿈꾸며, 헛된 것을 소망하였습니다. 구하는 것이 이루어지지 않을 때 더딘 주님의 응답을 원망할 때도 있었습니다. 생명을 허락하시고 구원을 예비하신 그 은혜만으로 충분함에도 감사의 마음을 품지 못했던 날들을 돌아보며 참회하기 원합니다. 저희의 부족함을 오래 참으시는 주님, 그리고 기다려 주시는 주님, 저희를 용서해 주옵소서.

아버지, 이 귀한 추수감사주일에 지금껏 저희들에게 베푸신 것들을 돌아봅니다. 저희가 소유하고 누리는 모든 것들이 다 주에게서 왔음을 깨닫고 그 크신 사랑에 감사와 영광을 돌립니다. 매일 되풀이되는 일상 속에서 감사를 느끼기 원합니다. 햇빛이 내리쬐면 주신 햇빛에 감사하게 하시고, 비가 오면 비를 허락하신 하나님께 감사하게 하옵소서. 손에 잡히는 작은 것들을 소유하고자 연연하지 않고, 먼저 구하라 하신 하나님의 나라와 의를 구하게 하소서. 재갈과 굴레를 씌워야만 잡아 둘 수 있는 분별없는 노새처럼 되지 말라 하신 주의 뜻대로 저희의 시선을, 저희의 마음을 주장하사 해바라기가 해를 바라듯 기쁨으로 주님만을 바라기 원합니다. 다른 어떤 것에도 시선을 두지 않고 우리 마음의 중심이 하나님만 바라보며 주를 닮고자 애쓰는 매일이 되게 하옵소서.

주의 강림이 아득히 멀게만 느껴지고, 눈앞의 고난이 심장을 찌르듯 아프게 느껴질 때에도 아버지께서 더욱 저희를 붙잡아 주시고, 저희들 또한 주님만 의지하게 해 주소서. 이 순간 고난의 터

널을 통과하고 있는 성도가 있다면 그 아픔들을 통해 주의 얼굴을 보고, 주의 마음을 느끼게 되기를 간구합니다. 고통의 시간들을 통과해 갈 때 주의 크신 품에 안아 주시어 모든 상황 속에서 담대하게 헤쳐 나갈 수 있기를 간절히 소망합니다. 고통이 우리를 옥죄는 형벌이 아니라, 정금같이 나아가게 만드는 복의 용광로가 되게 하옵소서.

교회력

촉촉한 단비가 대지를 적시듯 오늘도 아버지께서 주신 말씀의 단비가 저희 마음밭을 적시게 하여 주시고, 한 영혼, 한 영혼 지치고 상한 심령을 주께 내어 드릴 때마다 그 마음을 만져 주시고 온전케 하시는 은혜를 경험하며 주께로 나아가게 하옵소서.

하루하루 늙어 가는 인생이 아닌, 아이처럼 주를 향해 성장해 가는 인생들이 되게 해 주소서. 빛도 없이 이름도 없이 오늘도 주만 바라며 헌신하는 성도들의 삶에 위로의 손길을 내밀어 주시어 그들의 영혼에 다른 무엇으로도 채울 수 없는 아버지의 만지심과 위로하심이 충만할 수 있기를 간구합니다. 주의 놀라우신 은혜에 감사드리며, 늘 우리에게 좋은 것들로 채워 주시는 예수 그리스도의 이름으로 기도드립니다. 아멘.

대림절 예배 기도문

박정자 권사(포항중앙교회)

　우리를 언제나 사랑으로 바라보시며, 특별히 쌀쌀한 날씨 속에서도 대림절을 맞아 기쁨으로 예배드릴 수 있도록 허락하신 하나님께 감사와 영광과 찬송을 올려 드립니다.
　지금까지 우리의 삶을 돌아볼 때, 그 모든 것이 하나님의 은혜임을 고백합니다. 우리에게 기쁘고 행복한 시간들을 허락하셔서 하나님께서 우리에게 주신 복을 마음껏 누리게 하심에 감사드립니다. 또한 힘들고 견디기 어려운 시간들도 허락하셔서 우리가 의지할 분이 오직 하나님뿐임을 다시금 깨닫게 하시고, 우리가 고난을 받음으로 세상의 어려운 이들을 이해할 수 있는 마음을 부어 주심에 감사드립니다. 우리가 아직 다 알 수 없고 이해할 수 없는 일 가운데서도 하나님의 섭리와 통치가 있다는 것을 믿게 하신 것 또한 주님의 은혜입니다.

하나님, 그 무엇보다도 죄인이었던 우리를 끝까지 사랑하여 주셔서 독생자 예수님을 보내 주심에 감사드립니다. 그 십자가의 사랑으로 우리를 하나님의 자녀로 불러 주시고, 하나님께 나아갈 수 있게 하신 큰 은혜는 그 어떤 말로도 표현할 수 없음을 고백합니다.

하나님께서는 이렇게 측량할 수 없는 은혜를 우리에게 부어 주셨는데, 우리는 하나님을 바라보며 살기보다는 우리의 삶에만 몰두하여 주님과 관계 맺는 시간을 삶의 뒤편에 놓아 버린 채 살았음을 고백합니다. 한때는 눈물로 얼굴을 적시며 십자가의 사랑을 바라보았던 우리가 언제부턴가는 아무런 감동 없이 입으로만 십자가의 사랑을 말하지는 않았는지 우리의 모습을 돌아봅니다. 섬기라 하신 주님의 말씀을 기억하지 못하고 섬김을 받으려고만 하고, 세상의 고통받는 자들과 함께하기를 거부한 채 세상과 타협하고 이기적인 욕심으로 살아왔던 모습을 보게 됩니다. 이러한 우리의 모습들을 이 시간 회개하기 원하오니, 우리의 죄를 용서하여 주시옵소서.

낮은 곳으로 오신 주님, 우리가 예수님의 모습을 묵상하며 닮아 가기 원합니다. 초라한 말구유에서 태어나시어 병자와 귀신 들린 자들을 고치시고, 세리와 과부들과 함께하셨던 주님의 모습을 따라가기 원합니다. 우리가 주변의 고통받는 사람들을 돌아보게 하시고, 그 사람들에게 다가가 함께할 수 있도록 도와주시옵소서. 우리 교회가 세상을 외면하지 않게 하시고, 하나님께서 사랑하신 이 세상에 관심을 가지며 세상의 아픔에 손 내밀게 하여 주옵소서. 또한 우리의 가정에 은혜를 주셔서 복을 받기만 바라는 가정보다는 복의 근원이 되는 가정 되게 하여 주시고, 약하고 가난한 자를 섬기는 귀한 가정이 되게 하여 주옵소서.

성령께서 목사님의 마음과 입술을 주관하여 주셔서 그 선포되는 말씀이 우리의 마음밭에 온전히 뿌리내리게 하시고, 삶 속에서 삼십 배, 육십 배, 백 배 결실을 맺어 주의 사랑을 세상으로 흘려보내는 은혜를 허락하여 주시옵소서.

모든 예배의 순서와 우리의 마음을 하나님께 올려 드리며, 이 모든 말씀 하늘에는 영광이 되시며, 땅에는 평화를 주시기 위해 이 땅에 내려오신 예수님의 이름으로 기도드립니다. 아멘.

성탄절 예배 기도문

진귀자 권사(수원영은교회)

하나님, 주께서 탄생하신 기쁜 이날에 온 성도가 함께 모여 예배할 수 있게 해 주신 하나님께 찬양을 올려 드립니다.

아무런 흠도, 그 어떤 모자람도 없는 예수님께서 죄인인 우리를 구원하시기 위하여 인간의 육신을 입고 이 땅에 오심에 감사드립니다. 세상은 이날이 어떤 날인지도 모른 채 여전히 죄악 속에서 허망하게 보내고 있습니다. 심지어 예수님을 믿는다 말하는 우리조차 너무나 익숙하게 하나의 행사처럼 성탄절을 보냈음을 용서하여 주옵소서. 여기 모인 온 성도들이 이천 년 전 가장 낮고 천한 베들레헴 마구간에 누우셨던 아기 예수님을 기억하기 원합니다.

아기 예수님의 탄생이 어떤 의미이며, 또 그것이 우리에게 얼마나 큰 기쁨인지 마음으로 깨닫게 하여 주옵소서.

늘 우리의 문제에 갇혀 예수님과 공동체를 뒷전으로 생각했던 지난날을 용서하여 주옵소서. 그동안 얼마나 자신을 사랑하며 또 자신을 높이며 살았습니까? 예수님의 제자라고 말하면서 실상 삶에서는 주님의 성품을 드러내기는커녕 얼마나 교만하고 악하게 살았습니까? 오늘 이 성탄절 예배를 통해 우리의 모습을 모두 내려놓게 하옵소서.

그저 세상에 나도는 다른 신화들과 같이 허구적인 이야기가 아니라 지금으로부터 이천 년 전 아기 예수님이 실제로 이 땅에 나셨고, 동방박사와 목자들이 그것을 보았음을 세상이 알게 하시고, 더 나아가 구원을 이루시기 위해 예수 그리스도를 우리에게 주신 하나님의 그 크신 사랑을 알게 하옵소서. 그리고 그 사랑을 전파하는 일에 우리를 사용하여 주옵소서. 예수님의 나심을 기뻐하고, 찬양하며, 선포하는 일에 우리가 앞장서게 하옵소서.

날 때부터 죄인인 우리의 상태는 너무나도 비참하지만 예수 그리스도께서 이 땅에 오셔서 십자가에 못 박혀 죽으심으로 우리를 죽음에서 구원해 주셨습니다. 이 사실을 한순간도 잊지 않게 하여 주옵소서.

오늘이 성탄절이기에 예수 그리스도의 탄생을 기뻐하는 것이 아니라 우리가 살아가는 매일매일이 그리스도의 오심으로 인해 기뻐하며 은혜가 충만한 삶이 되기를 원합니다. 죄인들을 긍휼히 여기셔서 잠든 영을 깨우사 말씀이 들리게 하여 주시옵소서.

우리의 힘으로는 결코 이 자리에 나아올 수 없습니다. 오로지 하나님의 통치 아래 주께서 허락하셔야 이 모든 것이 이루어짐을 믿습니다. 주여, 이 예배 가운데 임하여 주옵소서. 성도 한 명, 한 명에게 찾아가 주셔서 말씀하사 주님의 구원의 역사를 더욱 풍성히 누리게 하여 주옵소서.

온 성도들과 교회들이 이 세상에 나아가 예수님의 탄생을 증거하며 외치길 원합니다. 그래서 온 열방이 다 함께 "지극히 높은 곳에서는 하나님께 영광이요, 땅에서는 하나님이 기뻐하신 사람들 중에 평화로다!"라고 외치게 하옵소서.

태초부터 우리를 선택하시고 구원을 계획하셔서 과거로부터 지금까지, 또 이후로도 우리의 구원을 이루어 가실 주님을 믿사오며, 예수님의 이름으로 기도드립니다. 아멘.

성 계단 교회의 "무릎으로 오르며 기도하는 계단"

　예수님은 대제사장들과 서기관들에게 심문을 받으시고 난 후, 십자가에 못 박으라는 군중들의 외침 가운데 지친 몸으로 계단을 오르셨다. 로마 라테라노 대성당 옆에 있는 성 계단 교회(Chiesa di Santa Scala)는 로마 총독 관저에 있는 빌라도 법정의 28개의 대리석 계단을 콘스탄티누스 황제의 어머니인 성 헬레나가 4세기에 로마로 가져오면서 이를 기념하며 세워진 교회이다. 4세기에 건축되었던 예배당은 16세기 식스투스 5세 당시에 다시 지어져 오늘에 이르고 있다.

　오늘날의 순례자들은 예수님의 고난을 묵상하며 이 28개의 계단을 한 계단, 한 계단 무릎으로 오르고 있다. 기도하면서 28개의 계단을 무릎으로 오르는 데 걸리는 시간은 약 20~30분 정도인데, 생각보다 쉽지 않은 일임에도 불구하고 수많은 순례자 행렬들이 지금도 이어지고 있다.

성 계단 교회

특별예배 기도문

아무것도 염려하지 말고
다만 모든 일에 기도와 간구로,
너희 구할 것을 감사함으로 하나님께 아뢰라 _ 빌 4 : 6

남선교회 헌신예배 기도문

김공남 집사(홍익교회)

우리를 선한 길로 인도하시는 하나님, 지금까지 우리 공동체에 베푸신 은혜와 사랑에 감사드립니다. 이 시간을 남선교회 헌신예배로 드리오니 받아 주시옵소서. 예배를 드리는 우리의 마음을 새롭게 하셔서, 남선교회와 우리 공동체에게 들려주시는 하나님의 뜻을 깨닫는 시간이 되게 하옵소서.

하나님, 우리의 연약함을 돌보시고 긍휼을 베푸시는 하나님을 찬양합니다. 돌이켜 생각해 보면 우리 각자에게는 선한 일을 이룰 수 있는 능력이 하나도 없었고, 하나님과 사람들 앞에서 자랑할 만한 어떤 공로도 없었습니다. 때로 우리는 남선교회와 우리 교회,

그리고 이 세상을 섬기겠다고 애쓰고 수고했으나, 오히려 서투르고 어리석은 행동을 저지를 때가 많았습니다. 그래서 그리스도 안에서 한 몸 된 형제자매들의 마음을 아프게 하고, 원망과 다툼을 일으키기도 했습니다. 그때마다 하나님께서 우리의 허물을 덮어 주시고, 우리의 마음을 위로하시고, 서로를 용서할 수 있도록 도우시지 않으셨다면, 우리가 오늘 함께 모여 드리는 이 예배는 없었을 것입니다.

그러니 하나님, 우리를 새롭게 하여 주시옵소서. 남선교회의 지체들과 우리 교회공동체 모두가 하나님께서 베푸시는 능력과 사랑을 덧입게 하옵소서. 우리의 연약함을 물리치지 않으시고, 오히려 우리를 부르셔서 자녀로 삼으시는 하나님의 신비를 깨닫게 하옵소서. 교회공동체의 형제자매들을 돕기 위해 필요하다면 궂은일도 마다하지 않게 하시고, 이 가운데 오직 겸손한 마음을 품게 하옵소서. 자신의 이름을 드높이기 위해 목소리를 내는 어리석은 자들이 되지 않게 하시고, 도리어 낮은 데에 처하기를 기뻐하게 하옵소서. 권위를 내세우지 않고, 당파를 만들지 않고, 형제자매를 판단하지 않으며, 오직 예수님께서 우리에게 보여 주신 사랑과 나눔을 실천하는 성도들로 가득한 남선교회가 되게 하옵소서.

하나님, 우리가 살아가는 이 땅 곳곳에서 사람들이 탄식하며 부르짖고 있습니다. 빠르게 변해 가는 세상 속에서 자신들에게 주어진 삶을 정신없이 감당하느라 지치고 피곤한 이들로 가득합니다. 우울함은 일상에 가득하고, 우리는 냉랭한 시선으로 타인을 바라봅니다. 사회생활은 마치 전쟁터 같아서, 끊임없이 서로 속고 속이며 싸워야만 간신히 살아남을 수 있는 것처럼 보입니다. 그런가 하면 부모와 자녀 세대의 대화는 끊어졌고, 사회는 온갖 갈등으로 사분오열되어 있으며, 언제 당할지 모를 질병과 사고에 대한 두려움이 만연해 있습니다. 어떤 이들은 너무 가난하고, 어떤 이들은 너무 부요한 나머지 인간성을 잃어버리기도 합니다. 또한 노인들은 고독하고, 장년들은 기진하고, 청년과 어린이들은 엄혹한 경쟁에 내몰려 있습니다. 우리를 불쌍히 여기시는 하나님, 은혜를 베풀어 주시옵소서. 우리는 마치 목자를 잃어버리고 광야를 헤매는 양 떼와 같은 처지가 되었습니다.

하나님, 이제 남선교회의 지체들과 우리 교회의 모든 성도들에게 이 세상을 품고 사랑할 수 있는 마음을 주시옵소서. 잃어버린 한 마리 양을 온 천하보다 더 귀하게 여기시는 하나님의 마음을 깨닫게 하옵소서. 어두운 세상을 복음의 빛으로 비추고, 썩어 악취가 진동하는 삶의 현장 곳곳에 소금처럼 녹아들게 하옵소서. 우는 자들과 함께 울고, 슬퍼하는 이들과 함께 견디며, 마침내 도래할 하나님의 나라를 맞이하게 하옵소서.

오늘 단 위에 세워 주신 목사님을 통하여 우리 공동체를 향한 하나님의 뜻을 바르게 깨닫도록 이끌어 주시옵소서. 남선교회와 우리 교회, 그리고 이 시대에 선포하고자 하신 하나님의 뜻이 한 치도 흐트러지지 않고 전해지게 하옵소서. 그리고 듣는 우리로 하여금 회개하는 심령과 애통하는 마음으로 받게 하옵소서. 또한 예배 안의 모든 순서와 이를 맡은 이들의 섬김을 통하여 예배를 드리는 우리 모두를 하나님의 뜻 안으로 인도하옵소서. 우리의 기도를 들으시고 응답하시는 주님께 감사드리며, 예수 그리스도의 이름으로 기도합니다. 아멘.

특별예배

여전도회 헌신예배 기도문

정선옥 권사(강릉노암교회)

이 땅의 주관자 되신 하나님 아버지, 자격 없는 우리를 이곳으로 모으사 여전도회 헌신예배로 드릴 수 있게 해 주심을 감사드립니다. 또한 이 죄악 된 세상 속에서 주님을 알게 하시고 더 나아가 주님의 말씀을 전파하는 귀한 사역에 여전도회를 사용하여 주시니 감사드립니다.

하나님, 저희가 너무나도 연약하여 복음을 전하는 일을 온전히 수행하지 못하고, 사역에 너무 익숙해져 우리 여전도회의 본질을 잊고 살았던 적이 많았음을 고백합니다. 직장에서 또 가정에서 각자의 일에 정신이 팔려 우리의 정체성을 잊고 살았던 모습들을 용서하여 주시옵소서. "하나님의 영광을 위해 살겠습니다. 복음을 전파하겠습니다."라고 입으로 고백하면서도 행동으로 옮기지 못했던 저희의 부족한 모습이지만, 주님께서 이 모든 것을 회복시켜 주실 것을 믿습니다. 이 예배를 통하여 변화시켜 주시옵소서.

우리의 헌신과 봉사가 그저 우리의 기분이나 만족을 위한 것이 아니라 하나님의 나라를 세우는 데에 쓰임 받는 일임을 기억하게 하옵소서. 복음 전하는 것이 두려울 때, 다른 지체를 위해 기도하는 것이 어려울 때, 담대하게 복음을 전했는데 오히려 더 큰 시험이 몰려올 때, 우리의 감정에 초점을 맞추는 것이 아니라 예수 그리스도를 기억하게 하옵소서. 죽음에서 승리하신 예수 그리스도를 기억할 때, 지쳤던 영혼이 구원의 기쁨으로 말미암아 살아나고, 다시금 일어나 복음을 선포할 힘을 얻게 될 줄로 믿습니다. 저희 여전도회가 주님께서 주신 힘으로 모든 사역에 기쁨으로 동참하게 하옵소서. 또한 우리의 시간과 가진 재물들이 우리의 것이 아님을 인정하며 이 모든 것들을 주님께서 왜 주셨는지 주님의 뜻을 찾는 여전도회가 되게 하옵시고, 말씀으로 더욱 성장하여 그리스도의 몸 된 교회를 든든히 세워 가게 하옵소서.

각 지체들의 건강을 붙들어 주셔서 육신의 약함 때문에 주님의 사역을 감당하는 데 어려움이 없게 하시고, 복음을 전하는 그 입술에 성령을 부어 주사 귀에 듣기 좋은 유창한 말이 아닌 오로지 예수 그리스도의 십자가만을 선포하게 하여 주옵소서.

세상이 더욱 악해져 가지만 그 가운데 빛을 잃지 않도록 모든 지체들과 여전도회를 강건하게 붙드시고, 우리의 모든 행실과 말의 근원이 주님께 있음을 기억하고 빛과 소금의 역할을 잘 감당하게 하옵소서.

특별히 주께서 세우신 회장과 임원들을 기억하사 그들이 공동체를 위하여 헌신할 때에 그 마음에 기쁨이 충만하게 하시고, 몸과 마음이 지칠 때마다 말씀을 통해 영과 육을 회복시켜 주옵소서. 그래서 온전한 순종을 보여 주신 예수 그리스도를 기억하며 헌신을 결단하는 여전도회가 되게 하소서.

여전도회에서 이뤄지는 모든 사역들을 통해 오로지 하나님 한 분만 영광 받으심을 믿고 감사드리며, 예수 그리스도의 이름으로 기도드립니다. 아멘.

교사 헌신예배 기도문

강수지 청년(동안교회)

　우리의 선한 목자가 되시는 하나님 아버지, 양 떼들을 사랑하시어 항상 돌보시고 인도하시는 주님의 신실하심에 감사드립니다.
　이 시간 모든 교사들이 주님 앞에 모여 헌신예배를 드립니다. 제자들에게 하나님 나라를 가르쳐 주시고 어떻게 살아야 하는지 본을 보여 주셨던 예수님의 발자취를 따라 살기를 결단하오니, 이 시간 우리의 마음을 새롭게 하옵소서. 우리들의 헌신이 말이나 형식이 아니라 진실로 깊이 있는 고백과 행함이 따르는 헌신이 되게 하옵소서.
　참된 길이요, 진리이신 예수님, 무엇이 생명을 얻는 길인지 알지 못하고 방향을 잃어버린 세대에게 예수 그리스도를 전하고, 가르치는 교사들을 위해서 기도합니다. 교사들이 먼저 하나님의 말씀을 가까이 하고 하나님과의 관계 안에서 바로 서게 하옵소서. 교사들이 바로 서야 교회교육이 변화될 줄 믿사오니, 주님께서 함께 하셔서 맡겨 주신 교사의 사명을 잘 감당하도록 은혜를 주옵소서. 또한 교사들에게 말씀을 온전히 가르칠 수 있는 지혜와 믿음을 주옵소서. 교사들이 지혜가 부족함을 느낄 때마다, 연약할 때마다 힘과 능력을 주시며 성령 하나님을 의지하게 하옵소서.

예수님께서 제자들을 사랑하시되 끝까지 사랑하셨던 것처럼, 우리 교사들도 다음 세대를 이해하고자 노력하며 그들의 모난 모습과 상처까지도 끌어안을 수 있는 사랑과 인내를 가지게 하옵소서. 그리하여 이들을 통해 다음 세대가 하나님의 자녀들로 든든히 서 가게 하옵소서.

주님의 도구로 쓰임 받음을 감사드립니다. 겸손하게 주님을 따라가고, 주님께서 맡겨 주신 자리에서 최선을 다하여서 열매를 맺는 모두가 되게 하옵소서. 주님께서 우리의 예배를 받아 주심을 믿고 감사드리며, 예수님의 이름으로 기도드립니다. 아멘.

중고등부 헌신예배 기도문

박성일 전도사(한성교회)

　예수 그리스도를 통하여 크신 사랑을 보여 주신 하나님 아버지, 우리를 부르시고 우리의 예배를 받아 주심에 감사와 영광을 올려 드립니다. 매순간 우리와 함께하심에 감사하오니, 우리의 삶을 통하여 영광 받아 주시고, 하나님의 은혜로 채워 주시옵소서.

　주님, 우리 학생들이 항상 예배자로 살아가야 함에도 이런저런 핑계로 하나님께 더 가까이 나아가지 못했습니다. 또한 세상을 따라가기만 하고 이 세상 가운데 주님의 자녀로서 빛이 되지 못했습니다. 주여, 우리의 죄를 용서하여 주시고, 우리 학생들이 어려서부터 하나님의 자녀로서 믿음으로 든든히 서 갈 수 있도록 붙들어 주옵소서.

주님, 우리 학생들이 소망 없다고 말하는 이 시대에 예수 그리스도의 복음을 통하여 소망을 굳게 잡고 하나님이 주신 꿈과 비전을 향해 열심히 달려갈 수 있게 하여 주시옵소서. 또한 학업과 가정, 친구들과의 관계에 있어서도 지혜롭고 사랑이 넘치게 하여 주셔서, 우리 아이들의 착한 행실을 통해 세상이 하나님을 알고 하나님께 영광 돌리게 하여 주시옵소서. 그리고 무엇보다 누구에게도 말할 수 없는 고통과 아픔, 고민을 가지고 있는 친구들이 있다면 주님이 그들의 친구가 되어 주셔서 친히 안아 주시고, 위로해 주심으로 그들이 혼자가 아닌 사랑받는 하나님의 자녀임을 알게 하여 주시옵소서.

사랑의 하나님, 우리가 드리는 예배를 통하여 영광 받아 주시고, 우리 학생들이 이 예배를 통해 하나님께 더욱더 가까이 나아가는 귀한 시간이 될 수 있도록 은혜 내려 주옵소서. 우리를 너무나 사랑하시는 예수님의 이름으로 기도드립니다. 아멘.

청년대학부 헌신예배 기도문

방현철 청년(연신교회)

하나님, 이 시간 청년대학부가 하나님께 헌신을 다짐하는 예배를 드리게 하시니 감사드립니다.

우리의 젊은이들이 세상을 향해 관심을 돌리지 않고, 하나님을 향한 순수한 열정과 주가 주시는 놀라운 비전을 사모하며 이곳에 모였습니다. 주여, 이곳에 임재하셔서 우리 예배를 받아 주시고, 하늘 문을 여셔서 우리가 기대하지도 못하고 상상하지도 못한 은혜를 베풀어 주시옵소서.

자비하신 하나님, 먼저 우리의 연약함과 허물을 고백합니다. 주의 제자로 살겠다고 수없이 다짐했지만 우리의 연약함이 다짐을 이기고, 우리의 부족함이 허물을 만들어 냅니다. 탕자의 마음으로 하나님 앞에 고백하지만 여전히 우리는 어리석은 존재입니다. 이기심, 질투, 돈, 아름다움, 더 좋은 직장, 인간관계, 연인, 친구, 학교 등 참으로 많은 요소들이 우리를 넘어지게 합니다. 이 시간 우리의 연약함과 죄를 고백하오니 용서하여 주시옵소서.

모세를 세우셔서 이스라엘을 구원하신 하나님, 청년의 때에 하나님을 기억하라는 가르침을 잊지 않고 하나님의 말씀을 따라 살기를 다짐하며 이 예배를 드립니다. 하지만 하나님 나라를 향한 열정이 있어도 삶에서 계속 실천할 만한 능력이 부족합니다. 우리의 연약함을 깨닫고 주께 머리 숙이오니, 모세에게 지팡이를 주시고 이스라엘을 인도할 수 있는 능력을 주신 것처럼 우리에게도 주의 능력을 주시어 세상 속에서 복음을 선포하며 살아갈 수 있게 하옵소서.

하나님, 세상 속에서 그리스도인의 역량이 점점 발휘되지 못하고 있습니다. 세상을 이끌었던 그리스도인이 이제는 세상으로부터 천덕꾸러기 취급을 받고 있습니다. 모두가 복음의 본질을 잃어버렸기 때문입니다. 우리의 마음을 세상의 가치들로 채워 버렸고, 우리가 복음을 이 땅에서 잘살고 빛나고 존경받는 데 필요한 도구로 사용하였기 때문입니다. 우리 청년들이 이런 실수를 반복하지 않도록 이들의 마음에 복음의 본질을 새기고 살아가게 하옵소서.

오늘 이 시간 청년들이 다짐하는 헌신이 하나님 앞에 아름답고, 교우들 앞에서 본이 되는 결단이 되게 하옵소서. 이 헌신예배를 통해 주시는 하나님의 말씀으로 더욱 굳센 믿음과 천국 소망을 가지고 세상 속에서 그리스도인으로서 승리할 수 있는 힘과 능력을 얻는 시간이 되게 하옵소서. 우리를 구원하신 예수 그리스도의 이름으로 기도합니다. 아멘.

특별예배

어린이주일 예배 기도문

박주언 전도사(충신교회)

　사랑이신 하나님, 우리를 하나님의 자녀로 삼아 주시고, 하나님께 예배드릴 수 있는 기쁨 안에 불러 주셔서 참 감사합니다.
　연약하고 부족한 삶임에도 불구하고 날마다 새롭게 덧입혀 주시는 주님의 그 사랑에 의지하여 이 시간 하나님께 나왔습니다. 특별히 오늘은 주일학교 어린이들이 한자리에 모여 어린이주일 예배를 드립니다. 하나님의 자녀들이 한마음과 한뜻으로 주님께 올려 드리는 예배가 되게 해 주옵소서.
　하나님께서 심으시고 가꾸어 가시는 아름다운 주님의 정원에서 우리 어린이들이 자라 감을 고백합니다. 작은 씨앗에서부터 파

룻한 새싹으로, 또 향기로운 향을 내는 꽃을 피우게 하시는 하나님의 섬세한 손길을 매일 경험하며, 든든한 가지와 아름다운 열매를 맺게 하신 분이 오직 하나님이심을 한목소리로 고백합니다. 아름다운 이 정원의 정원사 되시는 하나님의 크신 사랑에 감사하며 날마다 때에 따라 알맞은 단비와 따뜻한 햇살로 자라 가게 하시고, 그 안에서 자라는 기쁨을 맛보게 하시는 하나님을 기쁨으로 찬양하게 하옵소서.

　하나님의 형상을 따라 지으신 우리가 매일매일 주님의 형상을 회복하며 살 수 있도록 매일의 삶을 주장하여 주시고, 여기 모인 모든 주님의 자녀들이 이 세상에서 하나님의 향기와 색을 내며 살아갈 수 있도록 함께해 주옵소서. 시시때때로 하나님의 세밀한 손길을 경험하며 하나님과 동행하는 삶을 살기를 원합니다. 하나님과 사람 앞에 사랑스럽게 자라 가셨던 예수님을 닮아 우리 어린이들이 사랑받으며 자라 갈 수 있도록 날마다 은혜를 허락해 주옵소서.

　다음 세대를 위해 가르치는 자리에서 섬기는 교사들에게 지혜와 명철을 더하여 주셔서 하나님의 말씀으로 주일학교 어린이들을 양육해 갈 수 있도록 도와주시고, 수고하는 그 손길마다 지치지 않고 피곤치 않도록 새 힘과 능력으로 덧입혀 주옵소서. 또한 교사들이 섬김 안에서 큰 기쁨을 맛볼 수 있도록 하나님께서 풍성한 은

특별예배

혜를 허락해 주옵소서.

    이 시간, 우리 어린이들이 하나님께서 허락해 주신 아름다운 목소리로, 또 온몸으로 하나님을 찬양합니다. 하나님을 향한 사랑을 고백할 때에 하나님께서 기뻐 받아 주시고, 하나님의 손길로 격려하여 주시기 원합니다. 우리를 사랑해 주시는 예수님의 이름으로 기도드립니다. 아멘.

어버이주일 예배 기도문

오원택 청년(한성교회)

하나님 아버지, 지난 한 주간도 저희들을 지켜 주시고, 주일을 맞이하여 하나님을 사모하는 마음으로 예배드릴 수 있는 복을 주시니 감사합니다.

일찍이 각자의 부모님을 선택하셔서 저희들을 이 땅에 보내 주시고, 저희들이 부모로서, 자녀로서 주님의 뜻하신 일을 위해 함께 동역하는 가정을 이루게 하심 또한 감사드립니다. 하지만 저희들은 "네 부모를 공경하라." 명하신 주님의 계명을 머리에 담고 입으로만 고백할 뿐 가슴에 새기지 않았고, 행동으로 실천하지 않았음을 고백합니다. 늘 기쁨으로 감사드려야 할 부모님께 근심과 눈물을 드리지는 않았는지, 저희의 육신을 낳고 길러 주신 부모님을 공경하는 데 인색하지는 않았는지 돌아보게 하옵소서. 또한 주님의 자녀로서 절대적인 보호 가운데 살면서도 죄의 길을 벗어나지 못하고 주님을 원망한 적이 너무도 많았습니다. 모든 잘못을 고백하고 회개하오니 용서하여 주시옵소서.

하나님 아버지, 저희를 위하여 헌신하며 눈물로 기도하시는 부모님을 기억합니다. 저희가 세상 가운데 지치고 낙망하여 의지할 곳이 없을 때도, 묵묵히 저희를 위해 기도하시는 부모님을 기억하며 주님을 섬기는 마음으로 육신의 부모님께 효도하기를 힘쓰는 저희가 되길 원합니다.

이미 자녀를 가진 성도들은 각자가 받은 부모님의 그 정성과 사랑으로 자녀들을 잘 양육할 수 있는 지혜를 허락하여 주옵소서. 또한 부모님을 잘 섬기고, 공경하며, 순종하는 모범을 보일 수 있도록 인도하옵소서.

특별히 홀로 지내는 노인들도 기억하게 하셔서 우리가 이웃을 돌아보게 하시고, 어른 공경과 효의 도를 전하는 그리스도인이 되게 하옵소서.

아버지의 뜻이 우리의 뜻이 되게 하시고, 아버지의 계획이 우리의 계획이 되게 하시며, 아버지의 갈망하심이 우리의 열정이 되게 하셔서, 우리 교회를 통해서 복음과 하나님의 나라가 확장되는 역사들이 곳곳에서 일어나게 하여 주시옵소서.

어버이주일로 예배드리는 우리 모두가 가정과 가족의 소중함을 알아 서로 사랑하며 섬기는 한 날 되게 하실 줄 믿사오며, 거룩하신 예수님의 이름으로 기도드립니다. 아멘.

찬양대 헌신예배 기도문

이태수 청년(한성교회)

"호흡이 있는 자마다 여호와를 찬양할지어다." 할렐루야! 찬양 받기 합당하신 하나님, 찬양대 헌신예배로 부족한 저희를 이 자리에 불러 주시고, 찬양의 도구로 삼아 주시니 감사합니다.

오늘 이 시간, 저희의 삶을 되돌아봅니다. 하나님, 주일이면 주님 앞에 나아와 우리의 입술로 하나님을 찬양하지만, 돌아서면 남을 비방하고 원망과 불평으로 가득하지는 않았는지요? 하나님, 우리의 입술을 주장하셔서 하나님을 찬양하고, 세상에 복음을 전하는 아름다운 입술이 되게 하옵소서.

특별히 찬양대로 세워 주셔서 이른 아침부터 예배를 준비하고 찬양의 선봉에 설 수 있게 해 주신 은혜에 감사드립니다. 우리가 하나님을 찬양할 수 있음이 얼마나 큰 복인지 늘 깨닫게 하시고, 찬양으로 나의 목소리를 높이는 것이 아닌 나는 죽고 주님의 영광을 드높이는 찬양이 될 수 있도록 인도하여 주시옵소서. 또한 찬양의 가사가 우리의 고백이 되는 은혜를 베풀어 주옵소서. 매주 찬양대를 섬기기 위해 모이는 대원들과 한목소리로 찬양할 수 있게 조율하는 지휘자와 반주자를 기억하여 주시고, 이 땅에서의 상급보다 하나님 나라의 상급을 소망하는 삶이 되게 하여 주시옵소서.

  이 시간 주님만이 홀로 영광 받으시길 원합니다. 우리의 기쁨, 우리의 노래 되시는 우리 주 예수 그리스도의 이름으로 기도드립니다. 아멘.

부흥사경회예배 기도문

배윤진 집사(대구소망교회)

그 자체가 사랑이시며 늘 우리에게 자비를 베푸시는 아버지 하나님, 이 시간 특별히 부흥사경회를 통해 은혜의 자리를 허락해 주시고, 주님의 말씀을 사모하며 이 자리에 나올 수 있게 하신 은혜에 감사드립니다. 이 귀한 시간을 통해 우리의 삶이 변화되고, 우리의 믿음이 성숙해질 수 있도록 은혜 베풀어 주옵소서.

하나님, 우리가 살아가는 세상은 우리에게 많은 것들을 요구하고 있습니다. 그 요구를 맞춰 가다 보면 우리는 종종 하나님을 바라보던 시선을 돌려 세상만을 바라보며 살아가게 됩니다. 매 주일마다 다시 말씀을 묵상하며 바쁜 생활 속에서도 하나님을 우선시

하겠다고 다짐하지만, 또다시 세상일에 떠밀려 하나님을 바라보지 못하곤 합니다. 이러한 우리의 연약함을 긍휼히 여겨 주시옵소서.

우리의 연약함을 아심에도 끊임없는 기다림과 사랑을 주시는 하나님께 감사와 영광을 올려 드립니다. 또한 이 자리에 함께하도록 하셔서 하나님의 말씀을 듣고 회개하며 그 안에서 참 평안과 안식을 누릴 수 있는 시간을 허락하여 주심에 감사드립니다. 하나님의 말씀이 선포될 때 우리에게 듣는 귀를 허락하시고, 그 안에서 이 세상을 창조하신 하나님의 참된 진리와 생명을 향한 크신 사랑을 알게 하옵소서. 마땅히 들어야 할 말씀을 듣고 지나쳐 버리는 우리의 안일한 태도와 자세가 있다면 깨뜨리고 회개할 수 있는 은혜를 주옵소서.

하나님께서 언제나 우리를 사랑하심과 같이 우리도 하나님을 사랑으로 섬길 수 있도록 우리의 마음을 회복시켜 주시옵소서. 성령님께서 우리 한 사람, 한 사람과 함께하사 죄악으로 가득 찬 마음을 고쳐 주시고, 그 마음에 참된 평화와 변화를 주시옵소서.

성령 하나님, 육체의 문제로부터 자유로울 수 없는 우리로 하여금 참된 자유를 누리게 하여 주시옵소서. 그리하여 육체의 연약함에 매이지 않으며 세상 속에서 자유하게 되는 은혜를 주옵소서.

"수고하고 무거운 짐 진 자들아 다 내게로 오라 내가 너희를 쉬게 하리라"(마 11 : 28)라는 말씀으로 우리를 부르시는 주님, 우리

특별예배

가 주의 품 안에서 참된 쉼을 얻기 원합니다. 주님 안에서의 참된 쉼은 세상의 멍에를 내려놓고 주의 멍에를 매는 것으로써 이루어짐을 고백합니다. 우리가 주의 멍에를 매고 주님과 함께 거하기를 간절히 바랍니다. 주님, 우리를 주님의 품으로 이끌어 주시옵소서.

   이 자리에 함께하는 모든 이들의 걸음마다 하나님의 은혜와 성령의 역사가 함께하기를 기도합니다. 우리를 통하여 하나님께서 영광 받으시고, 하나님의 나라가 임하길 원합니다. 우리를 주의 종으로 사용하여 주시옵고, 숨겨지지 아니하는 주님의 빛으로서의 역할을 충실히 감당하게 하옵소서. 이 모든 말씀 우리 주 예수 그리스도의 이름으로 기도드립니다. 아멘.

총동원전도주일예배 기도문

김은희 집사(청운교회)

공의로우시며 사랑과 자비가 풍성하신 하나님 아버지, 감히 아버지 앞에 나아올 자격 없는 죄인인 우리를 구원하사 오늘 이 자리에 나아올 수 있게 하신 그 은혜에 감사드립니다. 또한 총동원전도주일예배를 통해 그동안 예배하지 못했던 이들도 함께 모여 예배하게 하시니 감사드립니다.

하나님, 하나님께서 우리에게 주신 은혜를 되새겨 봅니다. 죄로 인해 죽을 수밖에 없던 저희를 구원하시고자 하나밖에 없는 아들 예수님을 세상에 보내 주시고, 십자가의 사랑으로 우리의 죄를 씻어 주셨습니다. 또한 우리가 기억하든, 기억하지 못하든 매일의 삶 속에서 성실하게 돌보아 주셨으며, 지금 이 순간도 살아 숨쉬게 하십니다. 그러나 저희는 크신 하나님의 은혜를 잊고 살 때가 너무도 많습니다. 주일예배 한 번만 드리면 하나님 앞에서 한 주의 의무를 다 행한 것처럼 생각할 때가 많았고, 하나님께 예배드리는 것보다 세상일을 더 중요하게 생각하여 예배를 소홀히 할 때도 있었습니다. 한 주, 한 주 예배를 빠지다 보니 어느덧 마음이 무뎌져 왜 예배를 드려야 하는지조차 잊은 채 살아가기도 했습니다. 그리고 무엇보다 자비롭고 긍휼이 많으신 하나님의 성품을 이용하여 예배에 빠져도 벌 주시지 않을 거라며 스스로 합리화시키기도 했습니다. 하나님, 저희가 예배를 드림이 하나님 앞에서 의무를 행하기 위함도 아니고, 벌 받지 않기 위함도 아님을 깨닫게 하여 주옵소서. 오직 하나님이 좋아서, 하나님께서 주신 은혜에 감사해서 드리는 참된 예배가 되게 하옵소서. 그래서 우리 모두가 마음 깊이 우러나는 사모함으로 예배할 수 있도록 인도하여 주시옵소서.

하나님, 우리는 때때로 하나님께서 주시는 수많은 은혜를 기억하지 못하고 우리가 원하는 세상적인 복을 받기 위해 하나님 앞에 나아올 때가 있습니다. 그래서 우리가 원하는 대로 이루어지지 않으면 하나님을 원망하는 나약한 모습 가운데 빠지기도 합니다. 그러나 하나님, "하늘이 땅보다 높음같이 내 길은 너희의 길보다 높으며 내 생각은 너희의 생각보다 높음이니라"라는 말씀을 떠올려

봅니다. 우리의 생각보다 크신 하나님을 기억하며 우리에게 주신 것은 주셨음에 감사하고, 주시지 않은 것은 주시지 않았음에 감사할 수 있는 믿음을 허락하옵소서. 또한 하나님께서 부족한 저희에게 베풀어 주신 은혜를 기억할 수 있는 지혜를 허락하여 주시옵소서. 험난한 세상 가운데서 하나님의 이름을 알게 해 주신 은혜, 어떤 상황에 처해 있든지 하나님의 이름을 부를 수 있도록 해 주신 은혜, 늘 삶 가운데 동행해 주신 은혜, 사랑하는 가족들과 이웃을 주신 은혜 등 우리가 누렸고, 누리고 있고, 앞으로도 누릴 그 모든 은혜를 기억하게 하옵소서. 그래서 이 은혜만으로도 예배할 이유가 충분하게 하옵소서.

오늘 이 자리에 함께한 모든 이에게 하나님의 은혜를 기억하고, 예배를 사모하는 마음을 더해 주셔서 예배의 참된 기쁨을 맛보길 원합니다. 그리고 이 기쁨을 저희만 누리는 것이 아니라 하나님을 알지 못하는 사람들에게 전하는 우리 모두가 되기를 원합니다. 이 모든 말씀 예수님의 이름으로 기도드립니다. 아멘.

특별예배

약혼예배 기도문

신혜철 목사(청운교회)

　사랑의 하나님, 예배의 자리로 불러 주신 은혜를 감사합니다. 늘 하나님께 예배드림은 참 좋고 우리에게 기쁨이 됩니다. 특별히 이 시간 두 사람의 약혼예배를 드립니다. 이 두 사람에게 복을 내려 주시고, 먼저는 이들이 다른 무엇보다 늘 예배드림의 기쁨과 감격이 그치지 않는 참 예배자가 되게 하여 주소서.
　삶의 주관자 되신 하나님, 이 두 사람을 태초부터 사랑하셔서 만나게 하시고, 결혼을 예비하며 가정을 준비하는 자리에 이르게 하시니 감사드립니다. 세상의 많은 인간적인 관계들이 쉽게 단절되고 약속들이 깨져 가는 모습을 봅니다. 그러나 이 두 사람의 만남의 주인은 하나님이시니 믿음으로, 소망으로, 사랑으로 단단히 묶여 주님의 뜻에 합당한 아름다운 만남이 되게 하소서. 혹 어려움과 아픔의 순간에 놓이더라도 더욱 함께 주님을 바라보고 기도하며 주님의 도움을 구하는 두 사람이 되게 하소서.

사랑의 주님, 이 두 사람이 이룰 가정 공동체가 이리가 어린 양과 함께 거하며 사자가 아이와 뛰노는 하나님의 평화동산이 되게 하소서. 두 사람이 하나님 안에 거하며 서로를 이해하며 화목하게 하시고, 두 사람을 통하여 가족과 친지, 주변의 모든 사람들이 화목하게 되어 참 화평케 하는 자라 칭찬받는 이들이 되게 하소서. 점점 이기적이 되어 가는 세대 속에서 늘 주위를 돌아보고 위로하며, 특별히 가난한 자, 약한 자, 고통당하는 자들을 하나님의 사랑으로 품는 연인 되게 하소서.

아버지 되신 하나님, 이 두 사람을 위해 한평생 사랑으로 헌신하신 양가 부모님의 눈물의 수고를 주님이 아시오니, 위로하시고 복을 내려 주소서. 부모님들은 지금까지처럼 두 사람을 위해 기도하는 조력자가 되게 하시고, 이 두 사람은 부모님의 은혜를 잊지 않고 늘 공경하며 섬기는 하늘의 지혜를 갖게 하소서.

구원의 주님, 이 예배의 자리에 아직 하나님을 모르는 자, 믿음이 연약한 자들이 있다면 이 두 사람을 복의 통로로 사용하시어 그들이 주님 품으로 돌아오는 놀라운 시간이 되게 하옵소서. 두 사람

특별예배

을 축복하며 예배드리는 모든 주의 백성들에게 은혜 내려 주소서. 저희는 이 약혼을 축복함과 동시에 이 약혼의 증거자로 왔으니, 이후에 가정을 이루며 평생을 함께할 날들 동안 이들을 위해 기도하는 증거자의 사명을 잊지 않게 하소서.

말씀을 전하시는 주의 종과 함께하셔서 그 입술을 통하여 하나님께서 이 두 사람에게, 또한 우리 모두에게 평생토록 기억되며 다짐이 되는 은혜의 말씀을 듣게 하소서. 예수님의 이름으로 기도합니다. 아멘.

혼인예배 기도문

배종실 목사(대구소망교회)

무한한 사랑과 은혜의 하나님 아버지, 오늘 두 사람이 부부가 되는 혼인예배를 허락해 주시니 감사합니다.

신랑과 신부 두 사람을 이 세상에 태어나게 하시고, 지금까지 은혜 안에 살게 하시다가 큰 은혜를 베푸셔서 부부로 맺어지는 혼인예배를 드리게 하시니 무한한 감사를 드립니다. 이제 이 혼인예배를 통해 하나님의 뜻을 이루시고, 앞으로 펼쳐질 이 두 사람의 삶을 통해 하나님께서 영광을 받으시옵소서.

하나님, 두 사람이 부부가 됨으로써 이전보다 더 굳센 믿음과 더 성숙한 인격으로 이 세상을 살아가게 해 주시옵소서. 가정의 주인은 오직 주님이심을 믿고, 항상 주님을 가정의 주인으로 모시며 하나님을 경외하게 해 주시옵소서. 또한 이제 결혼하여 가정을 이루었으니 이전보다 그리스도의 몸 된 교회를 위해 더욱 충성하여 봉사하게 하시고, 이웃을 돌아보며 사회에 필요한 사람으로 살아가게 해 주시옵소서. 그리하여 언제나 하나님께서 함께하시고 인도하시는 복된 가정이 되게 해 주시옵소서.

하나님, 이제 하늘의 복을 베푸셔서 두 사람의 영육을 강건하게 하시고, 건강하고 예쁜 믿음의 자녀들도 허락하시며, 이 땅에서 살아갈 때 부족함이 없도록 채워 주시옵소서. 또한 계획하는 일들이 하나님의 뜻 안에서 형통하게 하시며, 무엇보다 이들의 앞날이 장차 주님이 베푸시는 천국 잔치 자리까지 이어지는 복된 인생이 되게 해 주시옵소서.

양가의 부모들도 자녀들이 새로 이룬 가정으로 인해 기쁨을 누리게 하시고, 자녀들을 위해 언제나 기도하는 부모로서 살아가게 하옵소서. 그리고 혼인을 축하하기 위해 참석한 하객들에게도 은혜를 베푸셔서, 주님이 함께하신 가나의 혼인잔치에 참석한 것 같은 기쁨과 복을 누리게 해 주시옵소서. 모든 말씀을 예수님의 이름으로 기도합니다. 아멘.

입관예배 기도문

배윤환 목사(영동교회)

　인간의 삶과 죽음을 주관하시는 하나님, 하나님의 높고 위대하심 앞에 인간은 아무것도 아님을 고백하며, 하나님께 무한한 영광을 올려 드립니다.

　오늘도 하나님이 허락하신 생명으로 호흡하고 있는 우리는 헤아릴 수 없고 다 알 수도 없는 하나님의 섭리와 계획 앞에 잠잠할 수밖에 없습니다. 하나님, 무지한 우리가 하나님의 놀라운 뜻을 깨닫도록 은혜 내려 주옵소서.

　주님께서 흙으로 우리를 빚으셨기에 우리의 육신은 다시 흙으로 돌아갑니다. 그러나 부활의 소망을 품고 하나님 앞으로 나아가오니, 우리의 고백을 기뻐 받으시고 하나님께서 허락하시는 영원한 안식과 평안 가운데 거하게 하여 주옵소서.

입관하는 고인과는 이 땅에서 더 이상 만날 수 없지만, 하나님 앞에서 다시 만날 그날을 기대하며 기다립니다. 그날을 기다리며 천국 소망으로 살아가는 남은 자들이 되게 하여 주옵소서.

장례가 마무리되는 시간까지 하나님이 함께하시고, 모든 과정에 일일이 개입하셔서 유족들과 장례에 참여하는 모든 사람들이 생명의 주인 되신 하나님의 은혜를 경험하는 시간이 되게 하여 주옵소서. 사망권세를 이기신 예수님의 이름으로 기도합니다. 아멘.

발인예배 기도문

신혜철 목사(청운교회)

　우리의 영원한 목자이신 여호와 하나님, 우리의 믿음의 선배였던 고인을 떠나보내며 이 시간 겸손히 하나님 앞에 예배드립니다.
　이 땅에서의 험난한 세월 속에서도 하나님께서 고인을 사랑하시사, 삶의 순간마다 푸른 초장으로, 쉴 만한 물가로 인도하셨습니다. 때론 사망의 음침한 골짜기와 같은 고단한 삶의 순간도 있었지만, 그때도 주께서 안위하시고 지켜 주셨음을 믿습니다. 이제 믿음으로 삶의 경주를 마친 고인을 하나님께서 그 선하심과 인자하심으로 품으사 영원한 아버지의 집에 옮기셨음을 우리가 믿음으로 고백합니다. 그곳에서 세상이 줄 수 없는 안식과 평안 가운데 계심을 믿습니다. 우리는 육신의 이별로 고인의 손을 놓을 수밖에 없지만, 주님의 사랑의 손이 여전히 그리고 영원히 고인을 붙드심을 믿습니다.

여기 모인 우리 유족들, 성도들도 고인의 믿음을 본받아서 끝까지 하나님의 사랑 안에 거하는 참된 그리스도인 되게 하여 주옵소서. 그래서 천국에서 다시금 마주하는 기쁨을 누리게 하옵시며, 그날을 소망하며 살아가게 하옵소서.

하나님, 그러나 우리에게 이별에 대한 형용할 수 없는 슬픔과 아쉬움이 남아 있습니다. 특별히 남은 유족들과 함께하셔서 그들의 마음이 하나님의 사랑으로 채워지게 하시고, 몸과 마음이 지치고 낙심하지 않도록 붙들어 주시옵소서. 남은 장례의 모든 절차에 끝까지 함께하시어 어려움이 없게 하시고, 순간마다 하나님의 은혜의 손길을 경험하게 하옵소서. 모든 예배예식을 통하여 하늘의 위로를 얻게 하실 줄 믿사오며, 우리의 목자이신 예수님의 이름으로 기도드립니다. 아멘.

하관예배 기도문

남궁혁 목사(청운교회)

　영원한 생명을 약속하시고 그 약속을 향해 우리 삶의 걸음을 인도하시는 하나님 아버지, 이 땅을 밟고 살아가는 우리가 눈물 가운데 하나님 앞에 예배하며 나아가게 하시니 감사드립니다.
　이 땅에서 사는 동안 크고 귀한 사랑을 허락하시고, 가정이라는 울타리 안에서 그 사랑을 나누게 하셨습니다. 이제 땅에서의 삶을 마치고 연약한 육신은 땅 아래에 눕습니다. 이 땅에서의 마지막 모습을 대하며 흐르는 눈물을 막을 수 없습니다. 땅에서의 마지막 순간 앞에서 지난날 받았던 사랑을 다시금 돌아보며 솟아오르는 아쉬움도 막을 길이 없습니다. 갚으려 해도 갚을 수 없는 사랑을 입었기에 아쉬움이 더욱 크고 눈물이 심히 많이 흐릅니다.

그러나 주님, 우리의 시민권이 하늘에 있기에 우리의 낮은 몸을 영광의 몸의 형체로 변하게 하시겠다고 말씀하셨습니다. 땅에서의 삶을 마쳤지만 하늘의 시민권을 주시고 그 품으로 부르심을 믿으며 드리는 우리의 예배를 받아 주시옵소서. 주의 영원하신 약속을 바라보며 주 앞에 드리는 우리의 마음을 받으시고 사랑과 위로로 응답하여 주시옵소서.

주님, 그 어떤 환난도 우리를 그리스도 예수 안에 있는 하나님의 사랑에서 끊을 수 없다 하셨으니, 가족을 떠나보내는 유가족의 마음 안에 하나님의 사랑을 부으사 하나님의 위로가 채워지게 하옵소서. 우리에게 믿음을 주셨고 그 믿음 안에서 우리의 본향이 시온임을 기억하며 천국에서 다시 만날 소망으로 유가족을 위로하여 주옵소서.

주시는 말씀을 통하여 하늘 아버지의 음성을 듣게 하시고 그 사랑을 보게 하옵소서. 또한 앞으로의 삶의 걸음에도 함께하셔서 유가족들 눈에 눈물이 흐를 때마다 닦아 주시고, 눈물이 눈물로 끝나지 않고 소망과 평안이 되게 하옵시며, 이 가문 위에 주의 동행하심과 믿음의 큰 열매로 채워 주시옵소서. 생명의 빛 되신 우리 주 예수 그리스도의 이름으로 기도합니다. 아멘.

화장예배 기도문

김기문 목사(청운교회)

　모든 생명의 근원이 되시며 인간의 생사화복을 주관하시는 하나님, 이 시간 우리는 사랑하는 고인의 시신이 한 줌의 재로 바뀌는 자리에 서 있습니다. 이러한 현실 앞에서 통곡의 눈물을 흘리는 우리의 마음을 하나님께서 위로해 주시옵소서.

　히브리서 9 : 27에서 "한 번 죽는 것은 사람에게 정해진 것이요", 베드로전서 1 : 24에서 "모든 육체는 풀과 같고 그 모든 영광은 풀의 꽃과 같으니 풀은 마르고 꽃은 떨어지되"라고 말씀하셨습니다.

　이처럼 우리의 겉사람인 육체는 낡아지고 소멸하게 되며, 이 세상의 모든 것들은 언젠가 반드시 사라지게 되어 있음을 우리는 너무도 잘 알고 있습니다. 하지만 우리의 연약한 마음은 고인에 대한 사랑과 떠나보냄의 아쉬움으로 인해 슬픔과 괴로움을 금할 수 없습니다. 자비로우신 하나님, 이 시간 우리를 긍휼히 여기사 친히 찾아오셔서 우리의 마음을 어루만져 주시옵소서.

시편 31 : 15에서 다윗은 자신의 인생이 하나님의 손에 있음을 고백하였습니다. 마찬가지로 우리의 인생도 하나님의 손에 달려 있음을 믿고 고백하는 모두가 되게 하여 주시옵소서. 우리 모두 사랑하는 고인의 인생이 하나님의 손에 있었고, 죽음 이후에도 하나님의 손에 달려 있음을 믿음의 눈으로 바라보게 하여 주시옵소서. 그리하여 고인의 죽음이 더 이상 우리에게 공포나 슬픔의 대상이 되는 것이 아니라 하나님의 손에 이끌리어 살다가 다시 하나님께로 돌아가는 복의 통로가 됨을 우리 모두가 믿음으로 고백하게 하여 주시옵소서.

하나님께서 맡겨 주신 이 세상에서의 모든 사명을 마치고 하나님께로 돌아가는 고인을 넓으신 품으로 안아 주시옵소서. 이제는 하나님 아버지의 그 품 안에서 인생의 수고와 무거운 짐을 다 내려놓고 평안히 거하게 하여 주시옵소서.

또한 사랑하는 고인을 다시 한 줌의 재로 하나님께 돌려 드려야 하는 믿음의 가족들이 있습니다. 저들의 앞날을 친히 인도하여 주사, 이 세상을 살아갈 때에 믿음의 선한 싸움 가운데서 승리하게 하여 주시옵소서. 이 모든 말씀 우리 주 예수 그리스도의 이름으로 기도합니다. 아멘.

특별예배

추도예배 기도문

최경복 목사(홍익교회)

만물의 주인이시며 우리 생명의 주관자 되신 하나님 아버지, 오늘 고인의 기일을 맞아 가족들과 친지와 교우들이 한자리에 모였습니다.

"우리의 연수가 칠십이요 강건하면 팔십이라도 그 연수의 자랑은 수고와 슬픔뿐"이라는 모세의 고백을 기억합니다. 고난으로 얼룩진 우리 인생을 고아처럼 버려두지 않으시고, 이 땅에 오셔서 우리의 모든 죄짐을 대신 짊어 주심을 감사드립니다. 또한 죽음의 권세를 이기시고 부활하셔서 우리에게 새로운 생명의 길을 열어 주심도 감사드립니다.

오늘 이 예배를 통해 한 줌 흙으로 돌아가는 연약한 존재가 우리임을 깨닫게 하시고, 헛된 욕심과 탐욕에 우리 자신을 방임하지 않게 하여 주옵소서. 세상의 그 어떤 것보다 하나님을 기뻐하고 하나님을 높이는 우리의 삶이 되게 하여 주시고, 세상의 헛된 것을 따르지 않고 오직 생명의 주인이신 우리 주님만을 예배하는 삶이 되게 하여 주옵소서.

이 시간 성령께서 친히 오셔서 우리 마음을 위로하여 주시고, 새로운 소망으로 충만한 시간이 될 수 있도록 역사하여 주옵소서. 이 모든 말씀 예수 그리스도의 이름으로 기도드립니다. 아멘.

성 프란체스코의 "평화의 기도"

"평화의 기도"

주여, 저를 평화의 도구로 써 주소서.
미움이 있는 곳에 사랑을,
다툼이 있는 곳에 용서를,
불화가 있는 곳에 화목을,
의혹이 있는 곳에 진리를,
절망이 있는 곳에 희망을,
어둠이 있는 곳에 빛을,
슬픔이 있는 곳에 기쁨을 주게 하소서.

주여, 위로받기보다는 위로하고,
이해받기보다는 이해하며,
사랑받기보다는 사랑하게 해 주소서.
우리는 줌으로써 받고, 용서함으로써 용서받으며,
자기를 버리고 죽음으로써 영원한 생명을 얻기 때문입니다. 아멘.

가톨릭의 성인이자 프란치스코회의 창시자인 성 프란체스코(Francesco d'Assisi, 1182.-1226. 10. 3.)는 우리에게 "평화의 기도"로 잘 알려져 있다. 그의 출생지인 이탈리아 중부 아시시에 가면 성 프란체스코 대교회(Basilica di San Francesco)를 만날 수 있는데, 이 교회는 프란치스코회로 불리는 작은형제회의 모교회로서 로마 가톨릭 바실리카이다. 1228년에 공사를 시작한 이 교회는 상부와 하부로 구성되어 있으며, 지하에는 성 프란체스코의 유해가 안치되어 있다. 이곳은 2,000년 유네스코 세계문화유산으로 지정되기도 했다.

성 프란체스코 대교회

심방을 위한 기도문

구하라 그리하면 너희에게 주실 것이요
찾으라 그리하면 찾아낼 것이요
문을 두드리라 그리하면 너희에게 열릴 것이니 _ 마 7 : 7

신혼부부를 위한 기도문

김택준 목사(광주벧엘교회)

언제나 우리에게 다함없는 사랑으로 함께하시는 은혜로우신 하나님 아버지, 저희로 하여금 오늘도 그 하나님과 동행하며 살아가게 하심을 감사드립니다.

주님의 놀라우신 섭리로 이 두 사람이 가정을 이루게 하시고, 주 안에서 하나 되는 고귀한 신비를 경험하게 하심을 감사드립니다. 지금의 하나 됨이 세월이 흐르면 흐를수록 더욱 여물어 가며 성숙해지게 하사, 성삼위 하나님의 영광스러운 하나 됨을 본받아 가는 복된 삶이 되게 하옵소서.

십자가에서 죽기까지 우리를 사랑하신 예수 그리스도의 사랑이 이 부부의 기초가 되게 하시고, 서로의 삶 속에 역사하시는 하나님을 바라보며 감사로 찬양하는 삶이 되게 하시며, 하나님의 말씀의 빛을 따라 어두운 세상을 밝혀 나갈 수 있는 믿음을 날마다 더하여 주소서. 그리하여 매일의 삶 속에 하나님이 허락하시는 하늘과 땅의 복이 이들 위에 충만하게 하사 함께 걷는 걸음마다 새로운 기쁨이 넘쳐나게 하시고, 펼쳐질 내일 위에 기쁜 마음으로 하나님 나라의 그림을 그려 가게 하시며, 하나님이 꿈꾸시던 세상을 창조하시며 아름다운 빛깔들이 이들을 통해 나타나게 하소서. 세상살이의 고단함과 지침이 서로에게 찾아올 때마다 주 앞에서 다짐한 혼인서약을 잊지 않게 하시고, 평생 위로하고 섬기고 희생하고 기도하는 가장 친밀한 우정을 나누게 하소서.

하나님의 계획하심 안에서 때를 따라 태의 열매가 맺어지게 하시사, 새 생명의 숨소리를 통해 이들을 향한 하나님의 마음을 더욱 알아 가게 하소서. 지혜와 헌신으로 부모님을 공경하며, 오래 참음과 관용, 화평과 온유로 가정을 든든히 세워 가게 하소서. 주의 몸 된 교회 안에서 함께 예배하며 공동체를 배우게 하시고, 이 땅에 세워지는 하나님 나라를 함께 이루어 가려는 거룩한 소망을 꿈꾸게 하소서.

이들의 신혼의 때가 잠시 반짝이다 사라지는 한때로 지나가게 마시고, 영원한 빛 되신 하나님의 영광을 따라 한평생 눈부시게 빛나는 삶으로 이끌어 주옵소서. 이 가정의 생명 되고 머리 되신 예수 그리스도의 이름으로 기도드립니다. 아멘.

임신을 소망하는 가정을 위한 기도문

김혁 목사(명륜중앙교회)

생명의 주관자 되시는 하나님 아버지, 우리의 모든 호흡이 오직 주께만 있으며, 더불어 생명을 잉태케 하시고 자녀를 주시는 분 역시 오직 주님이심을 이 시간 믿음으로 고백하게 하시니 감사드립니다.

하나님 아버지, 이 시간 특별히 자녀를 기다리는 이 가정을 위해 기도합니다. "보라 자식들은 여호와의 기업이요 태의 열매는 그의 상급이로다"(시 127 : 3) 말씀하셨는데, 여기 여호와의 기업과 상급을 간절히 소망하는 이 가정의 기도를 들으시고 응답하셔서, 귀한 태의 열매를 허락하여 주시옵소서. 주께서 주시지 않으면, 그 어떤 인간적인 노력과 방법으로도 결코 얻을 수 없음을 이 시간 다시 한번 믿음으로 고백하오니, 주여 저들의 눈물의 기도를 기억하여 주시옵소서.

특별히 이를 위해 기도할 때 인내함으로 기다릴 수 있는 믿음을 주시고, 어떤 상황 속에서도 결코 낙심하거나 포기하지 않게 하시며, 임신이 더디 되는 것으로 인해 하나님을 원망하지 아니하도록 주께서 힘을 더하여 주시기 원합니다. 때가 되면 주께서 반드시 잉태의 복을 주실 것을 믿사오니, 그때를 위해 쉬지 말고 기도하기를 힘쓰게 하시고, 이 시간들을 통하여 더욱 주님과 가까워지며 더욱 주님을 신뢰할 수 있는 은혜를 허락하여 주시옵소서.

하나님 아버지, 자녀를 기다리며 기도하는 이 가정 위에 한량없는 은혜를 부어 주시옵소서. 그리하여 주께서 주실 태의 열매를 기대하는 마음으로 기도할 때마다 성령의 말할 수 없는 위로와 평안을 경험하게 하여 주시옵소서. 혹 임신이 더디 되어 불안한 마음이 있을지라도 항상 기뻐하라, 쉬지 말고 기도하라, 범사에 감사하라고 말씀하신 주의 말씀을 따라 기쁨과 감사를 잃지 아니하는 복된 가정이 될 수 있도록 주께서 긍휼을 더하여 주시옵소서. 또한 자녀를 갖지 못하여 괴로워함으로 통곡했던 한나의 기도를 듣고 사무엘을 주셨던 것처럼, 간절한 심정으로 기도하는 이들의 간구를 들어주시옵소서. 그리하여 인내함으로 기도하는 이들 가정 위에 주께서 귀하게 쓰시는 믿음의 귀한 자녀를 허락하여 주시옵소서.

주께서 주실 자녀를 믿음으로 소망하오며, 예수 그리스도의 이름으로 기도하옵나이다. 아멘.

심방

임신한 가정을 위한 기도문

박병삼 목사(미광교회)

　모든 생명의 창조주가 되시며, 지금 이 시간에도 새로운 생명을 창조하시는 하나님 아버지께 찬송과 영광을 올려 드립니다.
　무엇보다 이 가정을 사랑하셔서 귀한 생명을 잉태하게 하시니 감사합니다. 하나님의 선한 계획 가운데 새 생명을 품게 하셨으니, 출산하는 날까지 산모를 평안함으로 인도하셔서 근심이 없게 하시고 건강을 더하시어 순산의 기쁨을 누리게 하옵소서.
　어머니의 복중에 있는 동안 하나님의 보호하심 안에서 아이가 강건하게 커 가게 하시고, 생명을 잉태한 부모에게 은혜를 더하여 주셔서 생명을 키워 가는 데 부족함이 없도록 모든 상황과 환경을 지켜 주옵소서.

특별히 하나님의 말씀으로 태교하기를 원합니다. 부모가 항상 하나님의 말씀을 사모하며 깨어 있게 하시고, 복중에 있는 아기에게 매일 하나님의 말씀을 읽어 줄 때에 부모가 먼저 하나님의 말씀에 경외함으로 순종하는 삶을 살게 하옵소서. 그래서 아기 예수님께서 지혜와 키가 자라 가며 하나님과 사람에게 더욱 사랑스러워 가셨던 것처럼, 귀한 생명이 태어나 하나님께 영광을 돌리게 하시고 부모에게 기쁨이 되며 사람들에게 사랑받는 아이가 되게 하옵소서.

사람의 힘과 지혜로는 바르게 양육할 수 없기에 한나가 사무엘을 주님께 드렸듯이 우리도 하나님께 이 아이를 맡겨 드립니다. 하나님의 자녀를 우리의 소유로 착각하지 말게 하시고, 오직 주의 교훈과 훈계로 양육하게 하옵소서. 그래서 이 시대에 필요한 인물로 키우기에 부족함이 없도록 인도하여 주옵소서. 믿음의 가정, 아름다운 가정, 천국 같은 가정을 이루기 위해 지금부터 끊임없이 기도하게 하시고, 무엇보다 사랑하는 아이에게 신앙의 유산을 물려줄 수 있도록 은혜를 더하여 주옵소서.

모든 생명의 근원이 되시는 우리 주 예수 그리스도의 이름으로 간절히 기도합니다. 아멘.

입학한 자녀가 있는 가정을 위한 기도문

채은비 권사(김제제일교회)

반석 위에 가정을 든든히 세우시고, 늘 선한 목자가 되어 주시는 하나님, 이 가정과 항상 함께하시어 가장 좋은 길과 선한 길로 인도해 주셔서 감사합니다. 그리고 특별히 이 가정의 자녀가 새로운 학교에 입학하여 하나님과 함께 학업을 시작하게 해 주심도 감사드립니다.

하지만 주님, 때때로 우리는 하나님께서 함께하심을 믿지 못하고 주님의 손안에 있는 우리 자녀의 미래를 걱정하였습니다. 자녀의 미래가 나의 손에 달려 있다고 생각하여 자녀의 삶을 좌지우지하려 했습니다. 우리의 교만을 용서하여 주시옵소서. 또한 겉으로는 우리의 자녀가 주님의 뜻대로 살기 원한다고 고백하면서도 마음속으로는 주님의 뜻과는 무관하게 세상적으로 성공한 삶을 살아가기를 원했습니다. 주님의 길은 어렵고 힘든 고난의 길이라 생각하여 나의 자녀만큼은 그 길로 가기를 원하지 않았음을 용서해 주시옵소서. 친구들과의 무한 경쟁 속에서 나의 자녀가 살아남기를 원했고, 살아남기 위해서 불의하고 정직하지 못한 방법을 사용하는 모습을 발견할 때도 스스로를 용납하였습니다. 주님, 이런 모든 우리의 죄악을 용서하여 주시옵소서. 다시 한번 우리의 자녀를 주님께 올려 드립니다.

주님, 우리 자녀가 새로운 삶을 시작하게 됩니다. 새롭게 시작하는 곳에서 낯설고 두렵겠지만, 새로운 환경과 관계 안에서 그리스도인으로서 선한 영향력을 발휘하며 살아갈 수 있도록 함께하여 주시옵소서. 아브라함이 그가 살고 있었던 삶의 터전을 떠나 하나님께서 가라고 하신 곳에 가서 복의 근원이 되어 그가 밟는 모든 땅을 하나님께서 허락하시는 복을 받았듯이, 이 자녀가 밟는 모든 곳이 하나님께서 복 주시는 자리가 될 수 있도록 함께하여 주시옵소서. 요셉이 하나님께서 함께하심으로 애굽이라는 낯선 땅에서 그의 가족과 애굽에 있는 수많은 사람들의 생명을 살렸듯이, 이 자녀를 통해서 생명들이 살아나게 하옵소서. 다니엘이 뜻을 정하여 목숨까지 아끼지 아니하고 하나님의 뜻대로 살려고 노력하며 살

심방

앉듯이, 우리 자녀도 뜻을 정하여 학교에서 하나님의 뜻대로 살아갈 수 있도록 하여 주시옵소서.

또한 좋은 동역자들을 만날 수 있기를 기도합니다. 좋은 스승을 만나게 하셔서 성공하기 위해 공부를 하는 것이 아니라 이 세상의 모든 사람이 행복하고 정의롭게 살아갈 수 있도록 도울 수 있는 지혜를 배우게 하옵소서. 좋은 친구들도 만나게 하셔서 학교생활이 즐겁고 행복할 수 있도록 하여 주옵소서. 그리고 하나님께서 특별히 허락하신 달란트를 발견하는 시간이 되게 하셔서 하나님의 나라를 위해 쓰임 받을 준비를 하는 귀한 시간이 될 수 있도록 도와주옵소서.

하나님, 학교에는 상대적으로 소외받고 연약한 자들도 있을 것인데, 이 자녀가 그들을 돌아볼 수 있는 마음을 갖게 하셔서 약한 자들을 불쌍히 여겼던 우리 예수님을 따라 그들을 위로하고 격려할 수 있도록 함께하여 주옵소서. 그리고 부모로서 자녀가 힘들고 어려운 상황에 있을 때 그를 격려하고 위로할 수 있는 마음과 그에게 조언을 해 줄 수 있는 지혜도 허락하여 주시옵소서. 삶의 모든 부분에서 참된 그리스도인으로서 살아갈 수 있기를 간절히 원하오며, 예수 그리스도의 이름으로 기도드립니다. 아멘.

환자가 있는 가정을 위한 기도문

박자희 집사(명륜중앙교회)

"내 이름을 경외하는 너희에게는 공의로운 해가 떠올라서 치료하는 광선을 비추리니 너희가 나가서 외양간에서 나온 송아지같이 뛰리라"(말 4 : 2).

하나님 아버지, 저희가 아버지의 이름을 부르며 기도할 수 있게 해 주시니 감사드립니다.

주님께서 이 땅에 오셔서 수많은 병자와 약한 자를 치유하여 주시고 회복시켜 주심을 기억합니다. 이 시간 질병 가운데 신음하는 주의 자녀를 주님의 의로운 오른손으로 안수하여 주셔서, 병으로 약해진 마음을 어루만지시고 상한 심령을 회복시켜 주시옵소서.

하나님의 말씀은 진리임을 의지하며 기도합니다. 아버지여, 우리를 만들어 주시고 기르심이 신묘막측하심을 믿습니다. 우리의 생사화복이 주께 있으니, 주여 우리의 주치의가 되셔서 머리끝부터 발끝까지 새롭게 하시옵소서. 영과 혼과 육을 깨끗하고 강건하게 하시어 하나님께 영광 돌리는 거룩한 자녀로 서게 하여 주시옵소서. 환자를 보살피는 가족들에게 따뜻한 사랑의 마음을 주사, 서로 하나가 되어 당한 어려움을 잘 이겨 낼 수 있도록 도와주시옵소서. 이를 통하여 환자를 포함한 온 가족이 하나님의 도우심과 인도하심을 경험하는 귀한 은혜를 베풀어 주시옵소서.

여호와 라파의 하나님을 신뢰하며 우리 주 예수 그리스도의 이름으로 간절히 기도드리옵나이다. 아멘.

새신자 가정을 위한 기도문

김민석 목사(동행하는교회)

하나님 아버지, 감사합니다. 한 영혼을 천하보다 귀히 여기시며, 우리 안에 아흔아홉 마리의 양이 있어도 한 마리의 잃은 양을 애타게 찾으시는 주님, 그 한 마리의 양이 주님 앞에 나왔습니다. 이 시간 하늘 아버지 집에서도 기뻐하며 환영의 축제가 열리고 있을 줄 믿습니다. 아버지께서 부르지 않으시면 주께로 올 자가 없다 하셨는데, 은혜를 베푸셔서 인도하시니 무한 감사합니다.

이제 주를 믿고 사는 것이 얼마나 복된 삶인가를 알게 하여 주시옵소서. 주님과의 인격적인 만남이 있게 하시고, 늘 말씀에 대한 갈급함과 사모함을 더하여 주시며, 말씀을 받을 때마다 깨닫고 믿어지는 은혜가 있게 하옵소서. 창조주 하나님이 우리의 아버지 되심과 죄악 가운데서 구원하여 주신 예수 그리스도가 나의 구원의 주가 되심을 깨닫게 하시고, 성령님의 역사하심을 온전히 신뢰할 수 있는 구원의 확신을 주시옵소서.

교회생활을 즐겁게 할 수 있게 하시고, 잘 적응하며 정착하여 말씀으로 양육받게 하옵소서. 그리하여 예수 안에서 주님만이 주실 수 있는 참 기쁨과 평안과 행복을 함께 누리며 살게 하옵소서. 또한 진리의 터 위에 서게 하시고, 거짓된 것들로부터 보호하여 주시며, 믿음의 반석 위에 견고한 집을 짓게 하옵소서.

이제 주님으로 인해 새로운 소망을 품고 새로운 인생을 시작할 때 신앙생활의 생소함을 극복하게 하시고, 믿음의 지체들과의 교제를 통해서 천국의 행복을 누리게 하옵소서. 살아가면서 물질의 부족함이 없게 하시고, 건강의 복도 주시옵소서. 뿐만 아니라 온 가족들이 하나님의 사랑 가운데 거하게 하옵소서. 우리를 구원하여 주신 예수님의 이름으로 기도드립니다. 아멘.

취업한 자녀를 둔 가정을 위한 기도문

김범석 목사(세린교회)

하나님 아버지, 힘들고 어려운 취업의 문을 뚫고 좋은 직장을 허락해 주신 하나님께 감사드립니다.

하나님, 그동안 대학입시와 취업에 초점을 맞춘 삶을 살았었기에 자신의 정체성과 인생의 가치에 대해서 생각할 시간이 많지 않았습니다. 이제 하나님 앞에서 겸손히 자신을 돌아보고, 하나님의 말씀을 삶의 기준으로 삼을 수 있도록 인도하여 주옵소서. 학벌과 좋은 직장으로 자신의 가치를 평가하지 않게 하시고, 사도 바울이 자신의 지위와 성취를 배설물로 여기고 오직 예수 그리스도 안에서 자신을 재발견했듯이 자신의 정체성과 인생의 가치 기준이 하나님의 말씀이 되게 하여 주옵소서. 또한 그동안 옆에 있는 사람을 이겨야만 살 수 있는 구조 가운데 살아왔기에 우리의 마음 가운데 이기주의적인 성향이 자연스럽게 배어 있음을 고백합니다. 그러나 이제는 자신만을 위해서 살아가는 것이 아니라 하나님과 이웃을 위해서 베풀며 더불어 살아가는 삶을 살 수 있게 하여 주옵소서.

하나님, 하나님께서 주신 직장에서 최선을 다하며, 늘 성실하게 일하기를 원합니다. 어느 자리에 있든지 맡겨진 일에 최선을 다하게 하시고, 그 수고가 헛되지 않도록 은혜 베풀어 주옵소서. 그래서 하나님과 사람들 앞에 기쁨이 되게 하시며, 어느 곳에서든지 하나님의 영광을 드러낼 수 있게 하옵소서.

성인이 되어서 자신이 번 재정을 어떻게 써야 할지 훈련할 수 있는 자리로 인도하옵소서. 온전한 십일조와 소외된 이웃과 구제가 필요한 곳, 복음을 전하고자 수고하시는 선교사님을 위해 자신의 지갑을 열 수 있는 훈련을 받게 하여 주옵소서. 또한 하나님을 경외하는 마음을 배우게 하여 주시고, 자기 자신과 이웃을 사랑하는 법을 알게 하옵소서. 예수님의 이름으로 기도합니다. 아멘.

칠순(회갑)을 맞은 성도의 가정을 위한 기도문

이완섭 장로(경북안동교회)

생명의 주관자이신 전능하신 하나님, 우리를 향하신 하나님 아버지의 한결같은 은혜와 사랑에 감사와 찬양과 영광을 돌립니다. 한평생 정성을 다해 가정과 지역 사회와 교회를 섬기게 하시고, 주께서 허락하신 이 땅에서 수많은 역경과 고난 가운데 함께해 주시며, 오늘을 맞이하기까지 주의 사랑에 힘입어 영육 간에 강건한 삶을 살게 하심을 감사드립니다.

이제 여생을 더욱 주의 사랑 안에서 보내게 하옵소서. 먼저 하나님의 나라와 하나님의 의를 구하라 하신 주님의 말씀에 따라 하나님을 경외하며, 이웃과 사회를 섬기며 살아가게 하소서. 사랑과 나눔, 경건과 절제로 신앙의 본이 되는 귀하고 복된 삶을 살게 하여 주시고, 부모와 형제와 국가와 민족과 주의 몸 된 교회를 위하여 더욱 기도에 힘쓰게 하시며, 병들어 지치고 힘든 이웃과 주를 알지 못하는 이웃, 이 모양 저 모양으로 번민과 고통 중에 있는 이웃을 위하여 기도할 수 있게 하옵소서.

하나님 아버지, 온 가족과 친지들과 구역원들이 함께 모여 감사예배를 드립니다. 예배에 함께한 우리 모두가 건강한 삶을 살게 하시고, 직장과 교회를 섬기며 든든한 믿음의 일꾼으로 세워 주시기를 간절히 기도드립니다.

○○○ 님을 복의 통로로 삼으신 하나님, 든든한 신앙이 자자손손 신앙의 대를 이어 가게 하실 줄 믿고 더욱 감사드립니다. 어떠한 어려움과 역경 속에서도 신앙의 유산이 자손대대로 이어지는 복을 허락하여 주옵소서. 하나님의 영광을 드높이는 찬양의 향기가 끊어지지 않는 가정들이 되게 하옵소서. 교회와 이웃과 국가와 민족을 위하여 주님께 쓰임 받는 주의 자녀들로 삼아 주시옵소서.

이 시간, 기름 부어 세우신 목사님의 말씀으로 가정이 더욱 화목하게 하시고, 말씀으로 하나님의 복이 가득한 은혜의 시간이 되게 하옵소서. 목사님을 통하여 주시는 말씀이 주께서 부르시는 그 날까지 우리 모두와 ○○○ 님의 삶을 지배하게 하옵소서.

여기에 모인 우리 모두가 주께서 허락하신 이 땅에서의 삶을 마치는 그날 착하고 충성된 종이라 칭찬받는 믿음의 일꾼으로 거듭나게 하시옵고, 주께서 부르실 때 "제가 여기 있나이다."라고 응답하게 하옵소서.

지금까지 함께하신 에벤에셀의 하나님께 감사를 드리며, 거룩하신 예수님의 이름으로 기도드립니다. 아멘.

심방

수험생이 있는 가정을 위한 기도문

김화영 안수집사(대봉교회)

　지혜의 근원 되신 하나님 아버지, 하나님께서 눈동자같이 살피시는 우리의 자녀를 위해서 이 시간 기도드립니다.
　부모 된 우리보다 자녀를 더 사랑하시고, 더 정확하게 알고 계시는 주님께 간구하오니, 수험생으로서의 시간을 보내는 이 자녀를 주의 오른손으로 붙들어 주옵소서. 무엇보다 지혜가 필요하오니 하늘의 지혜를 내려 주옵소서. 주께서는 백성을 다스리는 지혜나, 성전을 건설하는 지혜까지 모두 공급해 주시는 분인 줄 믿습니다. 이 자녀에게 하나님의 일을 하기 위한 지혜를 허락하여 주옵소서.

자녀가 학생이라는 신분으로 하나님의 영광을 드러내는 삶을 살기 위해서 이제 수능시험을 통해 대학으로 진학하고자 하오니 하나님의 능력을 부어 주옵소서. 주께서는 어린아이의 입으로도 주를 찬양하게 하시는 분이오니, 이 자녀가 모든 배움의 현장에서 보고 들었던 내용들을 기억할 수 있게 하옵소서. 무엇보다 시험을 치르는 시간 내내 함께하여 주셔서 긴장하여 실수하지 않게 하시고, 문제를 정확하게 이해할 수 있는 통찰력을 허락하여 주옵소서. 정직한 영을 더하여 주셔서 불의한 방법으로 성적을 얻으려는 유혹에서 벗어나게 도와주옵소서. 또한 어떤 결과가 주어진다 할지라도 최선을 다한 자녀를 있는 그대로 인정하고 사랑할 수 있는 부모가 되게 하소서. 주님, 시험을 치르는 매 시간을 잘 활용하게 하시고, 시간에 쫓겨서 실수하지 않도록 인도하여 주옵소서. 특별히 시험 당일의 건강을 지켜 주셔서 감기나 복통이 생기지 않도록 하나님의 날개 그늘 아래 보호하여 주옵소서.

하나님, 이 자녀가 수능시험을 치른 후 진학해야 할 학교를 선택할 때에 간섭하여 주옵소서. 성공이나 출세를 위해서 자신의 길을 정하지 말게 하시고, 어떤 사람이 되는 것이 하나님과 사람 앞에서 떳떳하고도 아름다운 삶을 사는 것인지 깊이 기도하며 결론을 얻게 하소서. 정해진 그 길을 걸어감에 있어서 조금도 후회하거나 타협하지 않는 용기 또한 허락하여 주소서.

수험생으로 세월을 보내는 동안 자녀가 가족의 소중함도 깨닫게 하셔서 얼마나 자신을 사랑하고 아끼는 사람이 많은지 잊지 말게 하소서. 부모의 기도가 그들에게 영적 유산으로 자리 잡게 하셔서, 세월이 흐른 후에 그들의 후손들을 위해 똑같이 기도의 자리를 지킬 수 있는 믿음의 부모의 길을 걸어가게 하소서. 예수님의 이름으로 기도합니다. 아멘.

군입대하는 자녀가 있는 가정을 위한 기도문

홍성용 장로(장현교회)

　능력의 하나님, 이제 사랑하는 형제가 나라의 부름을 받고 군대에 가게 됩니다. 지금까지 이 형제를 돌보아 주셔서 하나님 안에서 자라나게 하시고, 이제 이렇게 어엿한 남자가 되어서 나라를 위해 봉사할 수 있게 하심을 감사드립니다. 우리의 생각에는 그것이 이별인 것 같고, 볼 수 없음에 슬프지만, 하나님께서 이 형제를 이끄시고 늘 함께해 주심을 믿고 더 감사하며 기뻐할 수 있게 하여 주시옵소서.
　하나님, 하지만 늘 같이 지내던 가족과 떨어진다는 것은 참으로 힘든 일입니다. 가슴 한곳이 갑자기 비워지는 것처럼 느껴집니다. 하나님, 이 형제와 형제를 떠나보내는 가족들의 마음 가운데 하나님께서 함께하여 주시기를 원합니다. 비워진 그 가슴을 하나님으로 채워 넣게 하시고, 그로 인해 허전함과 슬픔이 아닌 든든함과 기쁨이 있게 하여 주시옵소서.

하나님, 이 형제의 발걸음을 지켜 주시기를 원합니다. 이제 앞으로 있을 훈련 기간에도 함께하셔서 힘들지 않도록 하시고, 다치거나 어려움 당하는 일이 없도록 하여 주시옵소서. 자대에 가서도 좋은 지휘관과 선임병들, 그리고 동기들을 만나게 하셔서 군생활이 늘 기쁘고 즐겁게 하시고, 좋은 사람들로 인하여 많은 것을 배울 수 있게 하여 주시옵소서.

하나님, 이 형제가 군대에서 하나님을 더 깊이 만날 수 있게 하여 주시옵소서. 어려움이 있을 때, 고난이 닥쳐올 때 더욱더 하나님을 의지하게 하시고, 척박한 곳이지만 그 안에서 하나님을 더 많이 만나고 경험할 수 있게 하여 주시옵소서. 그래서 군생활 가운데 늘 하나님과 함께할 수 있게 하시고, 그로 인해 이 형제의 미래가 하나님께서 만들어 놓으신 길 위에 있게 하여 주시옵소서.

하나님, 이 형제의 가족을 위해서 기도합니다. 하나님께서 그 마음을 위로하여 주시고, 슬퍼하고 아쉬워하는 것이 아니라 하나님 앞에 열심으로 기도할 수 있는 가족이 되게 하옵소서. 그래서 이 가족이 하나님 안에서 기도와 사랑으로 더욱더 든든히 서 가는 하나님 보시기에 아름다운 가정으로 거듭나게 하여 주시옵소서.
예수님의 이름으로 기도합니다. 아멘.

사업장을 위한 기도문

강충식 집사(김제제일교회)

이 땅의 주관자가 되시고 우리 삶의 주인이신 하나님, 우리의 삶을 인도하시고 지키고 보호해 주셔서 감사합니다.

하나님, 이 가정의 사업이 하나님의 사업이 될 수 있도록 인도하여 주시옵소서. 이 사업이 우리의 욕망과 탐욕을 위한 도구가 되지 않게 하시고, 하나님의 영광이 드러나는 귀한 사역이 되게 하여 주시옵소서. 이 땅의 많은 사람들이 사업을 할 때 자신의 욕심을 채우고 더 많은 돈을 벌기 위해 불의한 방법과 부정직한 방법을 사용하지만, 우리는 하나님의 자녀로서 정직하고 합법적인 방법으로 사업을 경영할 수 있도록 도와주시옵소서. 또한 함께 일하는 사람들을 돌아보는 마음을 허락하시고, 그들과 함께 즐겁게 일할 수 있는 지혜도 허락하여 주시옵소서.

하나님의 나라와 의를 구하는 마음을 주시어 이 사업의 성장을 위해 기도하기보다는 먼저 이 사업의 목적이 무엇인지, 그리고 사업의 목적이 하나님의 뜻에 합당한지를 늘 고민하게 하시어 처음 마음으로 사업을 운영하게 하여 주시옵소서. 그래서 이 사업을 통해 많은 사람이 행복해질 수 있도록 하여 주시옵소서.

하나님, 우리에게 충성된 종의 마음과 청지기의 마음을 주시옵소서. 그래서 하나님께서 허락하신 이 일을 성실하고 정직하게 경영할 수 있도록 함께하여 주시옵소서. 이 사업의 주인은 하나님이심을 기억하며, 주인 되신 하나님의 뜻을 잘 분별하여 사업을 진행하게 하여 주옵소서. 또한 사업이 번창할 때 하나님을 잊어버리는 어리석음을 범하지 말게 하시옵소서. 그럴 때일수록 오히려 겸손하게 하나님의 도우심을 인정하며 감사할 수 있도록 하여 주시옵소서.

하나님, 함께 일할 좋은 동업자들을 만나길 소망합니다. 하나님께서 예비해 놓으신 하나님의 사람들을 만나 사업이 올바르게 확장되고 성장하게 하여 주시고, 사업에 문제가 있을 때마다 하나님께 기도하며 지혜를 얻게 하여 주시옵소서. 이 사업이 하나님의 손안에 있음을 다시 한번 고백하며, 사업의 주관자가 되시는 예수 그리스도의 이름으로 기도드립니다. 아멘.

직장이 없는 가정을 위한 기도문

남궁혁 목사(청운교회)

우리의 기업이 되시며 우리를 먹이고 입히시는 하나님 아버지, 하나님의 인도하심과 공급하심을 구하며 기도합니다. 포로가 되어 모든 것을 잃고 아파하며 고통받던 이스라엘 백성들에게 찾아가셔서 위로와 소망을 주신 주님, 이 가정에도 찾아오셔서 위로와 소망을 주시옵소서.

광야의 곤핍함 가운데서도 하나님을 나의 산업과 나의 잔의 소득으로 고백하며 나아가는 믿음, 나의 분깃을 지키시는 분은 하나님밖에 없음을 고백하는 믿음 안에서 주님의 손길을 바라봅니다. 새가 날개 치며 새끼를 보호하는 것처럼 하나님께서 이 백성을 보호하신다고 말씀하셨사오니, 하나님의 날개로 이 가정을 품으시사 새 길을 보여 주시옵소서.

하나님, 이 가정에 새 일터를 허락하옵소서. 성실함으로 땀 흘리며 열심으로 수고하고 기쁨 가운데 열매를 맺으며 서로 사랑할 수 있는 일터를 허락하여 주시옵소서. 그리하여 이 땅을 사는 동안 수고의 땀을 흘리되 수고한 대로 열매를 거두게 하시는 복과 형통을 누리게 하옵소서. 풍성히 열매를 맺은 포도나무 같은 가정이 되게 하옵소서. 어린 감람나무 같은 자녀들이 둘러앉아 열매를 나누는 은혜를 주시옵소서.

아무것도 없는 광야에서 길을 보여 주시며 그 백성을 먹이셨던 하나님, 포로로 끌려간 바벨론 땅에서도 다시 밭을 일구고 집을 지으며 삶의 터를 일으키셨던 하나님, 주의 도우심과 인도하심을 다시금 구하오니 응답하시고 찾아오사 새 날을 허락하여 주시옵소서.

또한 주의 손길을 기다리는 마음을 지켜 주시옵소서. 환난 중에도 낙심하지 않는 믿음을 주시며, 내 능력만을 의지하는 교만에도 처하지 않게 하사 주님만을 의지하는 가운데 하루하루를 살게 하옵소서. 영원한 사랑의 목자 되신 우리 주 예수 그리스도의 이름으로 기도합니다. 아멘.

시험(환난)을 당한 가정을 위한 기도문

고남순 권사(경북안동교회)

인간의 생사화복을 주관하시는 하나님 아버지, 감사합니다. 죄로 죽을 수밖에 없는 저희들을 불쌍히 여기시고 독생자 예수 그리스도의 십자가 죽음으로 구원해 주심을 감사드립니다. 특별히 우리에게 천국의 모형인 가정을 허락하시고 믿음의 가정으로 택해 주심을 감사합니다.

가정의 주인 되시는 하나님 아버지, 믿음의 가정이라도 모든 것이 형통한 것이 아니며 시험과 환난이 있을 수 있음을 깨닫게 하시고, 겸손히 하나님의 선한 뜻이 어디에 있는지 귀 기울일 수 있도록 인도해 주시옵소서. 먼저 우리 가정의 죄를 기억하게 하시고, 주님 앞에 통회하며 자복할 수 있도록 성령님께서 도와주시옵소서. 하나님을 사랑한다고 하면서도 말씀에 순종하지 않았고, 구별된 삶을 살지 못했으며, 사람을 의지하고 때론 원망하며 불평했음을 용서해 주시옵소서. 감당할 수 있는 시험과 피할 길을 주신다고 하셨지만, 믿음 없는 자처럼 낙심하고 두려워하며 슬퍼했던 모습들을 긍휼히 여겨 주시옵소서. 비록 지금의 시험과 환난이 이해가 되지 않을지라도 흔들리지 않는 믿음을 허락하시며, 그 속에서 고난의 참된 의미를 발견할 수 있도록 성령님, 도와주시옵소서.

하루하루 희망이 없고 계속된 고통으로 약해진 마음을 강하신 하나님의 손에 의탁합니다. 고난이 하나님과 더욱 가까워지는 은혜의 시간임을 알고 감사하며 소망 중에 인내하게 하옵소서. 한치 앞도 알 수 없는 삶 속에서 주님의 주권을 인정하며 내게 찾아온 고통을 통해 우리의 삶을 돌아보게 하시고, 온전한 믿음으로 고난과 겸손의 십자가를 바라보며 지금 겪고 있는 아픔과 고통이 우리 가정을 위한 연단의 시간임을 깨달아 "정녕히 네 장래가 있겠고 네 소망이 끊어지지 않으리라" 하신 약속의 말씀을 붙잡고 회복의 때를 기다리게 하시옵소서. 고통의 날에 주님께 간구함으로 주께서 응답하시고, 우리의 영혼에 힘을 주어 더욱 강하게 하셨음을 고백할 수 있도록 은혜를 베풀어 주시옵소서.

이제 믿음으로 결단하며, 약속의 말씀을 붙잡고 죽음과 고통의 두려움에서 구원의 하나님을 찬양하며 살아갈 수 있도록 성령으로 충만케 하시옵소서. 우리가 겪는 고통이 십자가에 못 박히신 예수님의 고통에 비할 수 없음을 기억하며 묵묵히 감당할 수 있도록 힘 주시옵소서. 복되고 성숙한 삶을 위한 고난의 시간을 잘 이겨 내 승리의 기쁨으로 하나님께 영광 돌릴 수 있길 원합니다. 고통과 아픔의 시간을 잘 견디고, "주께 대하여 귀로 듣기만 하였사오나 이제는 눈으로 주를 뵈옵나이다"라고 고백한 욥의 고백이 우리의 신앙고백이 되길 원합니다. 우리의 힘이시요, 반석이며, 요새시요, 우리를 건지시는 이시요, 우리의 바위시며, 방패시요, 구원의 뿔이며, 산성이신 주님을 찬양합니다.

가정을 지키시고 회복시키시며, 이 땅에서 천국 백성으로 행복하게 살아가기 원하시는 예수님의 이름으로 기도드립니다. 아멘.

화목하지 못한 가정을 위한 기도문

박종웅 목사(대봉교회)

하나님, 하나님의 은혜 가운데 이 가정을 이루어 주심을 감사드립니다. 그러나 하나님께서 세우신 이 가정이 깨지고 아파하는 현실에 처해 있음을 주 앞에 고백합니다. 하나님의 사랑 안에서 서로 격려하고, 아끼며 살아가야 함에도 불구하고 서로에게 상처를 주고 힘들게 했던 지난날을 돌아봅니다. 화목과 사랑이 사라지고, 미움과 다툼만 남은 이 가정을 회복시켜 주옵소서.

예수 그리스도의 보혈의 은혜로 불화의 틈을 메우기 원합니다. 이 가정이 그리스도의 사랑의 띠로 견고히 연결되길 원합니다. 자녀들은 부모의 말씀에 순종하고, 부모는 자녀들을 주의 말씀으로 양육하는 가정이 되게 하옵소서. 가족애가 넘쳐남으로 가정이 살아나게 하옵소서. 또한 믿음의 크리스천 가정으로서 본이 되게 하시고, 사랑의 향기가 넘쳐나게 하셔서 이웃과 지역을 살리는 하나님의 향기가 되게 하소서. 우리의 세밀한 음성까지도 다 들으시는 주여, 이 가정이 이해와 화해로서 사랑의 공동체를 이루어 가게 하옵소서. 불평과 반목이 사라지고 가정이 화평의 장소가 되게 하옵소서.

주님, 이 가정이 하나님의 향기로 가득하기를 원합니다. 보혈의 은혜가 우리의 심장마다 흐르며, 사랑으로 가족 모두를 사랑하길 원합니다. 주 안에서 부모의 아름다운 사랑의 돌봄이 자녀들에게 전해져 사랑의 띠가 견고해지기를 원합니다. 주님, 이 가정을 지켜 주옵소서. 이 모든 말씀 예수님의 이름으로 기도드립니다. 아멘.

소년 소녀 가장을 위한 기도문

배윤진 집사(대구소망교회)

　사랑과 은혜가 풍성하신 하나님, 연약한 저희가 하나님 앞에서 겸손히 고개를 숙이게 하시니 감사드립니다. 약한 자를 강하게 하시고, 가난한 자를 부하게 하시며, 눈먼 자를 볼 수 있게 하시는 하나님을 찬양합니다. 상한 갈대를 꺾지 아니하며, 꺼져 가는 등불을 끄지 아니하시고, 진실로 정의를 행하시는 하나님, 이 땅의 백성들을 긍휼히 여겨 주시옵소서.
　특별히 안타까운 현실을 놓고 하나님 앞에 나아갑니다. 가정이라는 울타리가 무너짐으로 인해 발생된 이들의 아픔과 고통을 긍휼히 여겨 주시옵소서. 뜻하지 않은 일로 인하여 부모를 여의고 외롭게 세상을 살아가는 어린 이들의 마음을 위로하여 주시옵소서. 세상의 높은 장벽과 따가운 시선의 굴레에 매이지 않게 하시고, 하나님의 넓은 품으로 감싸 안아 주시옵소서. 두 눈에 흐르는 눈물을 닦아 주시고, 마음 한켠에 자리 잡고 있는 외로움을 씻어 주시옵소서. 또한 육신의 부모는 없을지라도 하나님 아버지께서 함께해 주심을 기억하게 하옵소서. 힘들고 어려울 때마다 아버지 하나님의 이름을 부르며 나아갈 때 하나님께서 이들의 편이 되어 지키시고 보호해 주심을 매순간 느끼게 하옵소서.

    이 땅을 살아가는 모든 소년 소녀 가장들이 이제는 꿈과 희망을 가지고 세상으로 나아오게 하여 주시옵소서. 경제적으로 고통받지 않게 하시고, 기댈 만한 그늘과 쉼터가 이들에게 제공되어 그 어떠한 차별과 소외됨이 있지 않게 하여 주시옵소서. 힘들고 지칠 때마다 하나님을 사랑하는 마음으로 견디게 하시고, 일어설 수 있는 힘과 용기와 지혜를 허락하여 주시옵소서. 예수님의 이름으로 기도드립니다. 아멘.

임종 직전의 가족이 있는
가정을 위한 기도문

이순창 목사(연신교회)

우리를 사랑하시는 하나님, 주의 은총을 구하옵나니, 자비를 베풀어 주시옵소서.

모든 인간의 삶과 죽음과 어려움과 평안함을 주관하시는 하나님, 여기 주께서 사랑하시는 백성이 있습니다. 주께서 사랑하는 성도의 삶을 인도하여 주옵소서. 이제 주께서 부르셔서 주의 품으로 가려 합니다. 모든 사람이 가야 할 길이고, 이 땅의 삶과는 비교할 수 없이 좋은 곳으로 가는 길이지만, 막상 발걸음이 잘 떨어지지 않습니다.

이 땅에 살며 하지 말아야 했는데 했던 일들, 하고 싶었는데 하지 못했던 일들, 부족했던 것들, 미련들, 여러 가지 일들이 있지만 이제 모든 것을 내려놓고 주의 품으로 가려고 합니다. 주께서 천국 문 앞에서 두 팔을 벌리고 서서 기다리고 계심을 믿습니다. 이 땅에 대한 아쉬움도 있지만 주의 품이기에 기꺼이 가려 합니다. 주의 사랑하는 성도의 영혼을 친히 받아 주시옵소서.

위로의 하나님, 가족들을 위로하여 주시옵소서. 이별의 슬픔을 이길 수 있는 힘을 주시옵소서. 이제 보고 싶어도 볼 수 없고, 이야기하고 싶어도 이야기할 수 없습니다. 좀 더 함께하지 못했던 기억이 떠오릅니다. 못되게 굴었던 일들만 생각납니다. 자꾸 후회되는 일만 떠올라 가슴을 쳐 보지만 이제 어쩔 수 없습니다.

그러나 부활의 소망이 되신 주 예수 그리스도의 은혜가 있어 우리가 위로를 받습니다. 주께서 말씀하셨습니다. "나는 부활이요 생명이다." 이 말씀처럼 예수께서 부활의 주님이시기에 우리에게도 부활의 은혜가 임하게 될 줄 믿으며, 슬픔 가운데 소망을 가집니다. 사랑하는 이를 먼저 하나님의 나라로 보내야 하는 이별의 자리에 있는 가족들이지만, 천국에서 다시 만날 것을 기억하며 위로받게 해 주시옵소서.

이제 하나님의 품에서 하나님과 하나가 되는 영원한 복의 자리로 가야 하는 시간이 되었습니다. 온 가족들이 이 시간을 잘 맞이하고 사랑하는 성도의 천국길을 잘 환송할 수 있도록 인도해 주시옵소서. 또한 먼저 가시는 성도의 믿음과 덕을 기억하고 언젠가 주의 품에서 벅찬 재회를 할 날을 기대하며 슬프지만 소망으로 보내드리는 시간이 되게 하옵소서.

예수 그리스도께서 십자가에 달려 죽으시고 사흘 만에 부활하셔서 잠자는 자들의 첫 열매가 되셨습니다. 마지막 날에 우리도 예수 그리스도께서 부활하신 것처럼 신비한 모습으로 부활하여 다시 만날 것을 기대하며 잠시의 이별을 맞이할 수 있도록 하여 주옵소서.

더불어 우리도 주의 품으로 가야 할 것을 기억하고 더욱 믿음 안에서 살아가도록 인도하여 주옵소서. 그리하여 주 예수의 날에 얼굴과 얼굴을 맞대고 기쁘게 주를 찬양하며 만날 수 있도록 하옵소서. 부활의 소망이 되신 주 예수 그리스도의 이름으로 기도합니다. 아멘.

다문화가정을 위한 기도문

허정희 권사(연신교회)

　사랑의 하나님, 참으로 신비롭고 오묘하신 하나님의 은혜에 감사와 찬양을 돌립니다. 세상에 참 많은 사람들이 있는데 그 가운데 이 두 사람을 만나게 하셔서 가정을 이루게 하신 은혜에 무한한 감사를 드립니다. 말이 잘 통하지 않고 문화도 낯선 곳에서 가정을 이루고 행복을 만들어 가는 모습에 더욱 감사를 드립니다. 비록 어렵고 힘들지라도 사랑하고 존중하여 아름다운 가정을 만들어 갈 수 있도록 주님께서 동행하여 주시고, 은혜를 베풀어 주시옵소서.
　성경을 통해 우리에게 말씀하시는 하나님, 성경 속에 등장하는 많은 다문화가정들을 보며 삶의 방향과 태도를 생각해 봅니다. 요셉과 룻의 이야기를 통해 다문화가정에 주시는 하나님의 은혜를 봅니다. 타국에 종으로 팔렸지만 하나님을 향한 변치 않는 믿음과 성실함으로 모든 위기를 극복하고 아름다운 가정을 이룬 요셉은 창성하게 되는 모습을 보여 줍니다. 이 가정이 요셉처럼 하나님을 온전히 믿고 의지하여 요셉에게 임하였던 창성함이 이 가정에도 함께 하기를 간절히 소망하오니, 은혜를 베풀어 주옵소서. 룻은 이방인이었지만 어머니를 따라 유대 땅으로 들어와 어머니께 순종하며 가정을 일으켜 세웠습니다. 힘겹고 어려웠지만 사랑으로 섬기고 충성하였던 룻에게 다윗과 예수 그리스도의 조상이 되는 은총이 임하게 되었습니다. 이 가정이 룻의 가정처럼 믿음의 줄기가 든든히 서는 가정이 되기를 원합니다.

하나님, 이 가정의 주인으로 임재하셔서 이 가정이 계획하고 준비하며 진행하는 모든 일들을 주님이 책임져 주시고, 좋은 결과를 얻을 수 있도록 해 주옵소서. 이 가정의 모든 경영하는 일들에 복에 복을 더하시어 지경을 넓혀 주시고, 형통한 은혜를 부어 주옵소서. 그리하여 하나님을 향한 감사와 찬양이 가득한 가정이 되게 하옵소서. 또한 부모님을 더욱 잘 섬기는 가정이 되게 하옵소서. 특별히 멀리 계신 부모님께 각별한 사랑과 섬김으로 봉양할 수 있도록 이 가정에 물질의 문도 활짝 열어 주시옵소서. 우리를 하나 되게 하시는 주 예수 그리스도의 이름으로 기도합니다. 아멘.

이사한 가정을 위한 기도문

이다니엘 전도사(신광교회)

　우리의 목자가 되시고, 우리의 삶을 인도해 주시는 하나님, 하나님께서 공중의 새들을 기르시고 들의 백합화를 돌보아 주시듯, 이 가정을 늘 돌보아 주셔서 좋은 집을 허락해 주시니 감사드립니다. 하나님, 이곳에 짐을 풀기까지 어떤 어려움이 있었는지 다 알 수는 없지만, 여러 가지 일들 가운데에도 하나님께서 모든 상황을 인도해 주심으로 이사를 잘 마칠 수 있었음을 고백합니다.
　아브라함이 하나님께서 인도해 주신 곳에 도착했을 때 가장 먼저 했던 일이 예배였고, 노아가 방주에서 나와 처음으로 했던 일도 예배였습니다. 하나님, 이 가정도 좋은 집을 주신 하나님께 감사하는 마음으로 예배하오니, 이 가정에 큰 은혜를 더해 주시기를 기도합니다.

하나님, 이 집의 주인은 바로 하나님 아버지이심을 믿습니다. 하나님 아버지, 주의 자녀들의 집 가운데 오셔서 이들이 기쁠 때나 슬플 때나 위로해 주시고, 힘을 주시옵소서. 그래서 날마다 예수 그리스도를 나의 구주로 고백하며, 하나님 아버지의 복을 받아 누리도록 인도하여 주시고, 주의 자녀로서 이 집에서 항상 찬송하고 기도하며, 주님의 말씀을 묵상하는 믿음의 가정이 되게 하옵소서.

하나님 아버지, 눈에 보이는 것들에 마음을 두는 것이 아니라 하나님께서 예비하신 영원한 하나님 나라를 더욱 사모하며 살아가도록 인도하여 주옵소서. 그리하여 이 집에 거하는 가운데 날마다 하나님께 소망을 두고 살아가게 하시고, 마침내 하늘 아버지의 집에 거하는 큰 복을 얻게 하여 주옵소서.

우리의 발걸음을 인도하시는 하나님, 앞으로 이 가정이 나아갈 길은 오직 하나님만 아시는 줄 믿습니다. 이 가정을 날마다 주님의 말씀으로 인도하시고, 항상 주님의 손길로 붙잡아 주옵소서.

하나님 아버지, 새로 이사 온 터전에서 감사한 마음을 나누며, 이렇게 주님의 이름을 부르게 하심을 다시 한번 감사드립니다. 감사의 마음을 올려 드리며 우리의 목자가 되시며, 구원자가 되시는 예수 그리스도의 이름으로 기도드립니다. 아멘.

올바른 기독교 용어

※ 제87회 총회(2002년)에서 기독교용어연구위원회의 연구를 받아 채택됨(「제87회 총회 회의록」 pp. 649-658).

1. 천당(天堂) → 하나님의 나라, 천국, 하늘나라
'천당'은 문자적으로 '하늘에 있는 신들의 궁전'이라는 뜻이다. 불교에서는 '천당'을 부처와 보살이 사는 번뇌의 굴레를 벗어난 깨끗한 세상, 즉 극락세계라고 보기 때문에 기독교에서 '천당'이라는 말을 사용하기에는 의미적인 차이가 있다. 그러므로 '천당'이라는 단어보다는 '하나님의 나라', '천국', '하늘나라'로 사용해야 한다.

2. 입신(入神) → 사용 불가
'입신'은 인간이 영묘한 경지에 이르렀음을 표현하는 무속종교의 표현으로서, 무당에게 신이 내려 인간으로서의 자아의식을 상실하게 되는 현상을 말한다. 인간은 하나님의 경지에 이를 수 없기 때문에 이 단어를 사용해서는 안 된다.

3. 지금도 살아 계신 하나님 → 사용 불가
하나님은 영원히 존재하시고 능력이 있으신 분이므로, '지금도 살아 계신 하나님'이라는 제한된 표현은 적절하지 않다.

4. 룻기서, 욥기서, 잠언서, 아가서 → 룻기, 욥기, 잠언, 아가
'기', '언', '가'가 들어 있기 때문에 뒤에 '서'(書)를 붙이면 과잉표현이 된다.

5. 시편 ○장 ○절 → 시편 ○편 ○절
장과 절은 산문에서 쓰는 표현이기 때문에 시편은 편과 절이라는 표현을 사용해야 한다.

6. 하나님의 몸 된 교회 → 그리스도의 몸 된 교회
교회가 몸이라고 하는 것은 교회와의 관계에서 예수 그리스도를 비유적으로 지칭하는 말이기 때문에 '하나님의 몸 된 교회'라는 표현 대신 '그리스도의 몸 된 교회'라고 쓰는 것이 올바르다.

7. 사랑하시는 성도 여러분(설교용어) → 사랑하는 성도 여러분
　 사랑하시는 하나님(기도용어) → 사랑하는 하나님
'사랑하시는 ○○'라는 표현은 말하는 주체가 스스로 자신에 대해서 존재를 나타내는 말이 되기 때문에 옳지 않다.

8. 주기도문을 외우겠습니다 → 주님이 가르쳐 주신 대로 기도하겠습니다
　 사도신경을 외우겠습니다 → 사도신경으로 신앙고백하겠습니다
주기도문이나 사도신경은 단순히 암송하는 것이 아니라 뜻을 새기며 음송(吟誦)하는 것이기 때문에 외운다는 표현은 옳지 않다.

9. 중보 기도 → 중보적 기도, 이웃을 위한 기도
예수님만이 하나님과 인간 사이에 있는 단 한 분의 중보자(딤전 2 : 5)가 되시기 때문에 기독교에서 '중보'라는 말은 오직 예수 그리스도께만 해당된다. 그러므로 우리는 '중보 기도'라는 표현 대신 '중보적 기도', '이웃을 위한 기도'라는 표현으로 사용하는 것이 적절하다.

10. 제사, 제단, 제물 → 예배, 성단, 예물
제사, 제단, 제물은 구약의 제사장들이 하나님께 제사를 드릴 때 사용되던 용어이다. 그러나 예수 그리스도의 죽음으로 완성됨에 따라 신약시대부터 내용과 형식이 예배로 변화되었다. 그러므로 예배, 성단, 예물로 바꾸어 표현하는 것이 옳다.

11. 영시(0시) 예배, 자정 예배 → 송구영신 예배

영시(0시)는 자정을 의미하는 시각이다. 교회가 이 시각에 의미를 부여하고 예배하는 것은 한 해가 지나가고 다시 시작하는 연말연시의 자정에 국한되므로, '영시 예배'나 '자정 예배'라는 표현 대신 묵은해를 보내고 새해를 맞는 일을 가리키는 '송구영신 예배'라고 부르는 것이 좋다.

12. 수양회 → 신앙수련회

'수양'이란 도덕적 품성을 닦는다는 의미를 내포하고 있기 때문에 소극적이고 정적인 느낌을 주는 단어이고, '수련'은 마음과 몸을 잘 닦아서 익힌다는 뜻을 가지고 있다. 교회에서 계획하는 행사는 신앙을 성장시키기 위한 뚜렷한 목표를 가지고 있으므로, '수양회'보다는 '신앙수련회'라는 표현이 적절하다.

13. ……기도로 폐회합니다 → ……기도로 예배를 마칩니다,
           ……기도로 기도회를 마칩니다

'폐회하다'라는 동사는 주로 회의가 끝났을 때 선언하는 말이기 때문에, 예배에서는 '마치다'라는 동사를 사용해야 한다.

14. 예배의 시종을 의탁하옵고 → 주장하시고, 인도하시고

'의탁'은 어떤 것에 몸이나 마음을 의지하여 맡긴다는 단어로서, 내가 할 일을 다른 사람에게 맡겨서 다른 사람이 대신한다는 의미를 가지고 있다. 예배는 우리가 성령님의 도우심으로 영과 진리로 드려야 하는 것인데, 도리어 하나님께 맡기고 방관자가 된다는 것은 옳지 않으므로 '의탁하다'라는 표현을 쓰는 것은 적절하지 않다.

15. 태신자 → 전도 대상자

'태신자'라는 말은 태 안에 들어 있는 신자라는 뜻인데, 이는 누군가의 배 속에 들어 있다는 말이므로 이러한 표현은 부적합하다. '태신자' 대신 '전도 대상자'라고 사용하는 것이 좋다.

16. 안집('안수집사'의 줄임말) → 사용 불가

교회에서도 직분의 호칭을 줄여 말하는 현상이 나타나기 시작했다. 그러나 줄임말은 어감이 이상해지고, 의미를 모르는 사람들에게 위화감을 조성할 수 있으므로 이러한 줄임말은 사용하지 않는 것이 좋다.

17. 주님의 이름으로 문안드립니다 → 주님 안에서 문안합니다,
　　　　　　　　　　　　　　　　주님 안에서 문안드립니다

누구의 이름으로 무엇을 한다고 말할 때, 그 서술어는 권위와 위엄과 인격의 동반을 의미 요소로 하는 용어이어야 한다. 하나님이나 예수님의 이름은 더할 수 없는 권위와 위엄과 인격과 능력을 동반하는 것이므로, 단순히 상대방의 안부를 묻는다는 뜻인 '문안'이라는 말과 함께 사용하는 것은 어울리지 않는다.

18. 일요일(공일) → 주일

그리스도인은 일요일(공일)을 '주의 날'(계 1 : 10)을 뜻하는 '주일'이라고 불러야 한다.

※ 그 외에 고쳐서 사용해야 할 용어들

　　하나님, 축복해 주시옵소서. → 하나님, 복을 내려 주시옵소서.
　　축복을 빕니다. → 축복합니다.
　　성가대 → 찬양대
　　헌금 → 봉헌
　　대예배 → 주일예배
　　예배를 보다. → 예배를 드리다, 예배하다.
　　준비찬송 → 찬송
　　축원하다 → 사용 불가
　　기도드렸습니다. → 기도드립니다, 기도합니다.
　　당신(하나님 또는 예수님을 지칭할 때) → 사용 불가
　　대표기도 → 기도 인도

THE BOOK OF COMMON PRAYER

기도 인도자를 위한
모범 기도집

초판인쇄	2017년 7월 20일
초판발행	2017년 7월 30일

펴 낸 이	채형욱
펴 낸 곳	한국장로교출판사
주 소	03129 서울시 종로구 대학로 19, 409호(연지동, 한국기독교회관)
전 화	(02) 741-4381 / 팩스 741-7886
영 업 국	(031) 944-4340 / 팩스 944-2623
등 록	No. 1-84(1951. 8. 3.)

ISBN 978-89-398-4180-2 / Printed in Korea
값 10,000원

편 집 장 정현선
교정·교열 오원택, 김은희   표지·본문디자인 최종혜
업무부장 박호애   영업부장 박창원

※ 본 기도문들은 2014~2016년에 작성된 것들로서, 현재의 소속, 직분과 상이할 수 있습니다.

※ 이 출판물은 저작권법에 의해 보호를 받는 저작물이므로 무단전재와 무단복제를 할 수 없습니다.